Marlies Schaper / Peter Koll

# *Bord-Jargon*

## *Dem Seemann aufs Maul geschaut*

# *Bord-Jargon*

## *Dem Seemann aufs Maul geschaut*

Marlies Schaper
Peter Koll

BUSSE SEEWALD
DSV-VERLAG

## *Impressum*

ISBN 3-88412-144-8

***Bord-Jargon***
***Dem Seemann aufs Maul geschaut***

1. Auflage 1991


| | |
|---|---|
| Redaktion: | DSV-Verlag GmbH, Hamburg |
| Text: | Heinz-Peter Koll, Witten |
| Grafiken: | Marlies Schaper, Hamburg |
| Layout und Satz: | YPS, Yacht Photo Service, Hamburg |
| Lithografie: | Buss & Gatermann, Hamburg |
| Druck und Bindearbeiten: | C.H. Wäser, Bad Segeberg |
| Herausgeber: | DSV-Verlag GmbH, Hamburg |
| Printed in Germany | |

# *Ein Wörtchen voraus*

*Wie so manche wirklich gute Idee verdanke ich die Anregung zu diesem Buch einer jungen Dame, einer ganz besonders jungen Dame sogar. Eines Tages stand sie mit ihrer Schultasche am Steg, als ich gerade Segel setzen wollte. " Sagen Sie mal, ist Segeln eigentlich schwer?". Das war der folgenschwere Satz, mit dem sie unsere Beziehungen einleitete.*

*Ehrlich gesagt: noch nie habe ich der Versuchung widerstanden, jemandem mein profundes Wissen über das Thema Seemannschaft in allen Einzelheiten darzutun. Bei jungen und dazu auch noch hübschen Damen ist mir das dann schon ganz und gar nicht möglich.*

*So tat ich also mein Allerbestes, auf jede der vielen Fragen eine sorgfältig durchdachte Antwort zu geben. Immer, wenn man mir Gelegenheit gibt, zu zeigen, daß ich im Grunde doch ein verhältnismäßig gebildeter Mensch bin, keimt in mir ein erhabenes Glücksgefühl auf. Diesmal hielt die Seligkeit aber nur ein paar Minuten an. Mit der Urgewalt einer Gewitterbö im Hochssommer traf mich ein munteres Kichern und schlimmer noch die darin verpackte Frage: "Ich denk' mir fall'n die Ohren ab, was ist das für ein irres Wort Lümmellager! Ist das ein Zeltplatz für böse Buben?" Folgenschwerer noch war die unmittelbar nachgeschobene Frage: "Wie kommt bloß so ein komisches Wort zustande?"*

*Ich gestehe ungern, daß mich diese Frage schwer geschockt hat, denn ich war außerstande, darauf sofort mit einer tiefgründigen Segelweisheit zu reagieren. Mein maritimes Selbstbewußtsein hat an diesem denkwürdigen Tag erheblich gelitten.*

*In der Folgezeit habe ich übrigens noch häufiger leiden müssen. Besagte Dame ist nämlich längst Mitglied in der Jugendabteilung meines Segelklubs und bis heute konnte sie es sich nicht abgewöhnen, Fragen zu stellen, die gelegentlich ein bißchen über das Maß hinausgehen, das ich als Ihr Segellehrer bewältigen kann.*

*Es war also ein Akt der Notwehr, daß ich mir etwas einfallen ließ, mit dem ich meinem Selbstwertgefühl wieder auf die Beine helfen konnte. Serienweise besorgte ich mir Bücher, von denen ich Antworten auf die drängenden Fragen erhoffte. Monatelang war ich der heimliche Schrecken mancher Bibliothekarin in allen möglichen öffentlichen Büchereien.*

*In Zukunft, so schwor ich mir einen heiligen Eid, wollte ich sehr wohl sehr wohl in der Lage sein, die Fragen nach der Herkunft von Lümmellager und von Bullenstander und von all den anderen für Binnenländer höchst bemerkenswerten Ausdrücken aus dem Seemannsjargon in gewohnt souveräner Art zu beantworten.*

*Die Glanzstücke der Erkenntnisse, die mir beim intensiven Studium zuwuchsen, konnte ich natürlich nicht für mich behalten. Bei den Palaver-Abenden unseres Clubstammtisches gab ich sie mit einigem Behagen von mir. Wer schafft das auch schon (noch dazu nach Zufuhr einiger Promille), der Versuchung zu widerstehen, den Sportkameraden klarzumachen, wer denn da wohl im nautischen Wissen die Nase vorn hat?*

*Trotzdem blieben einige meiner Freunde höflich genug, mir zu empfehlen, das gesammelte Wissen in Buchform vorzustellen (auch der DSV-Verlag besaß diese außergewöhnliche Freundlich-*

*keit). Und so war ich dann leichtsinnig genug, das auch zu versprechen. Ich hatte keine Ahnung, auf was ich mich da einließ.*

*Heute kann ich kaum noch nachrechnen, wieviele Segelstunden mir verloren gingen, weil ich stattdessen in Stadt- und Universitätsbibliotheken herumkroch auf der Fahndung nach Informationen über Ausdrücke, die wir alle so selbstverständlich im Munde führen.*

*Besonderer Dank gilt einem Segelfreund, der immer dann, wenn er nicht als Pfarrer auf der Kanzel steht, bei uns an Bord das Ressort geistlicher Beistand zur See verwaltet. Aus seiner riesigen Privatbibliothek karrte er mir serienweise brauchbare Literatur auf den Schreibtisch.*

*Vor allem aber möchte ich ein herzliches Dankeschön wiederum an eine junge Dame richten. Als begabte Künstlerin und Segelfachfrau fand sie exakt den richtigen Pinselstrich, um dieses Buch zu dem zu machen, was es sein soll: keine wissenschaftliche Abhandlung sondern ein Bilder- und Lesebuch, das vor allem unterhalten will. Wenn uns das mit Bild und Wort gelingt, dann sind wir schon zufrieden. Wenn sich aber auch einmal einer der Leser angeregt fühlen sollte, sich ein wenig mehr mit unserer Muttersprache zu befassen, dann wird uns das ganz besonders freuen.*

*Witten, im Mai 1991*

*peko*

# Backen sind immer hinten

Daß *achtern* hinten heißt, weiß jedes seemännische Wickelkind. Schon im Mittelalter sagten die Leute an der Waterkant *achter*, wenn sie das meinten, was man weiter südlich mit *after (hinter)* bezeichnete. Dieses Wort bedeutet noch heute im Englischen *hinterher, später*. Großgeschrieben weckt After andere Assoziationen. Für den Gebildeten ist klar, daß man das Angesprochene ganz hinten zu suchen hat. Für die Dänen ist *efter* etwas, das hinter Anderem liegt. Außerdem haben sie noch *bagefter* (hinterher). Mit diesem Ausdruck will man ganz sicher gehen. Es werden gleich zwei Wörter zusammengesetzt, die beide den Sinn von *hinter, nach* besitzen.

Damit wären wir schon bei einem zweiten Begriff für dieselbe Sache. Die Althochdeutschen hatten dafür *bah*. Die Engländer sagen noch heute *back* für Rücken. Und dieser Ausdruck ist auch schon die Erklärung für das hochwichtige *Backbord*.

Bei den Wikingern hatte der Steuermann im Schiff hinten rechts (Steuerbord) den Platz für sich und sein Auslegerruder. Immer wenn er damit hantierte, wandte er der gegenüberliegenden Schiffsseite sein Back = Rücken zu. Diese Seite also war nicht für den Steuermann reserviert. Und so hatte man dort Platz für das Brett, auf dem man das Essen auftischen konnte. Was Wunder, wenn man dieses Brett ebenfalls *die Back* titulierte? An Bord eines Schiffes redet man aber auch von *Backstagen, Backskisten* und vielen anderen nützlichen Dingen, die sich samt und sonders achtern finden lassen. Auch im Sprachgebrauch der Landratten findet sich ein Abkömmling von *back*. Die *Backe* oder sogar *Hinterbacke* ist das rechte Wort für den Körperteil, der damit als das äußerste Ende gekennzeichnet ist.

Man merkt deutlich: Vom sprachlichen Gehalt her sind *Backe* und *Wange* kaum Ausdrücke für dieselbe Sache. Backe wird statt Wange wohl deshalb gelegentlich eingesetzt, weil bei Leuten, die man nicht besonders schätzt, zwischen den betreffenden Körperteilen eine irritierende Ähnlichkeit gesehen wird. Als weniger vornehm gilt man, wenn man statt (Hinter-) Backe das unmittelbar zur Sache kommende *Arschbacke* ausspricht. Es ist erschreckend, wie sehr der Vorderteil des Doppelwortes heruntergekommen ist, trotz beachtlicher Ahnengalerie.

Altgermanisch sagte man *ars*, neuniederländisch heißt das *aars* und englisch *arse*. Die Schweden blieben dem germanischen *ars* treu. Das alte indogermanische *orsor* für *vorspringender Körperteil* findet sich selbst im Hethitischen als *arrasch* und im altgriechischen *orros*. Auch die Hamburger benutzen so ein ähnliches Wort, das allerdings durch ein präfigiertes "M" hanseatisch verfeinert wurde. Ob auch das semitische *ᶜarsch*, arabisch für *Thron*, sprachgeschichtlich hier eingeordnet werden muß, ist zweifelhaft, wenn es sich auch um den edelsten Gegenstand handelt, mit dem besagte Backen in Kontakt kommen können.

# Am Anker hängt die Hoffnung

Wenig Aufwand trieben die Skipper der alten Germanen, wenn sie ihre Kähne mal irgendwo festlegen wollten. Sie ließen einfach einen dicken Stein ins Wasser plumpsen, an den sie vorher eine Leine geknotet hatten. Von den Römern am Niederrhein lernten sie später eine wesentlich praktischere Handbremse für Schiffe kennen: einen zweiarmigen Haken aus schwerem Eisen. Der Einfachheit halber übernahmen unsere Altvorderen mit dem Ding auch gleich seinen Namen. *Ancora* heißt das nützliche Gerät auf lateinisch. Aber auch die Römer sind weder die Erfinder des Ankers noch Schöpfer seines Namens. Beides verdanken sie der Emsigkeit der Agenten ihrer Werksspionage bei den Griechen, die bereits am *agkyra* hingen, als auch die alten Römer noch mit der primitiven Stein-über-Bord-Methode über den Grund des Mare Nostrum slippten. *Agkyra* ist abgeleitet vom griechischen *agkylos* (krumm, gebogen). Dieses Wort ist übrigens auch der Patenonkel für die *Angel.* Unser Wort Angelhaken ist also im Grunde eine höchst überflüssige Begriffsverdopplung wie der *weiße Schimmel.* Wegen seiner Bedeutung für die Seemannschaft gerade in kritischen Situationen ist seit dem Mittelalter der Anker ein Symbol der Hoffnung. Zuviel der Hoffnung allerdings hängt der Skipper an seinen Anker, wenn er ihn an 50 Meter langer Trosse auf 700 Meter Wassertiefe in einem norwegischen Fjord badet. Möglicherweise landet er dann mehr oder weniger sanft auf einem grasgrünen Anger und so auf einer Landschaft, die ihren Namen ebenfalls dem griechischen *agkylos* verdankt. Ein Anger soll nämlich eine Wiese sein, die sich krumm und schief durch ein Tal windet. Auch dieser Begriff erreichte unsere Sprache höchstwahrscheinlich wieder unter Vermittlung der Römer. Sie benutzten nämlich für *Ecke, Winkel* ein Wort das sie ebenfalls aus dem griechischen *agkylos* zurechtbogen und *angulus* nannten.

# *Riese mit tragender Rolle*

Der Gott-Riese, der Titan namens *Atlas* war es nach der griechischen Mythologie, der zwischen dem südlichen Spanien und Nordafrika stand und auf seinen breiten Schultern die Säulen des Universums balancierte. Der mächtige Gott hat damals so sehr unter seiner nicht ganz leichten Bürde gelitten, daß er es schließlich vorzog, ganz und gar zu Stein zu werden. So entstand dann das Riesengebirge, das von Marokko bis Libyen reicht und noch immer jene hochwichtige tragende Rolle im Weltgeschehen spielt, die Herrn Atlas zu seinen Lebzeiten eine kaum noch erträgliche Aufgabe war. Deshalb führt das Hochgebirge in Nordafrika auch heute noch seinen Namen. Die alten Griechen waren jedenfalls überzeugt davon, daß diese Geschichte so stimmt.

Der Atlas also ist zunächst einmal das gewaltige, der großen Wüste vorgelagerte und weit in sie hineinragende Felsengebirge in den Ländern Nordafrikas, das nach Süden hin in eine gewaltige Steinwüste mündet. Ein Atlas ist aber nicht immer aus Steinen, er kann sehr wohl auch aus Papier bestehen. Dann ist er ein Kartenwerk, das auf seinen Seiten ähnlich wie sein antiker Namensgeber das ganze Universum trägt. Schließlich aber hat der mystische Riese seinen Namen auch noch einem Weltmeer vererbt. Zunächst waren es (natürlich) die alten Griechen, die nur das Randmeer entlang der afrikanischen Küste - westlich des Atlas - *Atlanticon Pelagos* nannten, das *Meer des Atlas.*

Die Römer, die den Griechen im Glauben an den schleppenden Riesen gefolgt sind, übernahmen auch seinen Namen für das *Atlanticus Mare* oder auch *Atlanticus Oceanus.* In den heutigen europäischen Sprachen hat sich dieser Begriff zu *Atlantik* verkürzt. Gewachsen ist dagegen die Meeresfläche, die man heute mit dem Namen des griechischen uralt Super-Schwer-Athleten belegt. Jetzt bezeichnet Atlantik die gesamte Wasserfläche zwischen Afrika und Europa auf der einen Seite und den beiden Amerikas auf der anderen.

# *Backen und Banken!*

*Back* ist Rücken und alle Zusammensetzungen mit diesem Wort bezeichnen Dinge, die man am Schiff ganz hinten suchen sollte. Selbst *Backbord* hat seinen eigentlichen Bezugspunkt hinten, nämlich am Heck im Rücken des Steuermanns. Die *Back* allerdings ist so weit vorn auf dem Deck, daß jeder, der sie überschreitet, sich unweigerlich nasse Füße holt.

Wie kommt dieser sinnverwirrende Gegensatz zustande? Wahrscheinlich war das so, daß der vordere Teil eines Windjammers ein besonders guter Platz war für das Brett mit den Speisen für die Crew. Dieses Brett aber hatte schon vorher seinen Namen *Back* weg. Es wurde bei den ganz alten Skippern der Germanen stets an Backbord aufgestellt und zwar hinter der *Back* (dem Rücken) des Steuermanns.

Wie sehr nun diese *Back* mit den Erzeugnissen aus der Kombüse des Smut in Verbindung stand, beweist die Tatsache, daß der Ausdruck gleichermaßen auch für eine besonders große Essensschüssel verwendet werden kann.

Außerdem nennt man *eine Back* eine Gruppe von etwa acht Matrosen, die regelmäßig gemeinsam aus einer *Back* aßen. Heute heißt schließlich auch noch der Eßraum der Mannschaft in einem Aufbau des Vorschiffs *Back*.

Ein *Backschafter* ist demnach jemand, dem die verantwortungsvolle Aufgabe zuteil wurde, die Speisen auf- und abzubacken oder im Jargon der Landratten ausgedrückt: auf- und abzutragen.

In Betrieb gesetzt wird der Backschafter mit dem bei Seeleuten recht beliebten Befehl: *Backen und banken!* Der oder die Backschafter stellen dann die Tafel auf und bringen die Bänke für die Matrosen.

# Von der Bulle zur Bouillon

Kaum zu glauben ist es, daß es einen Zusammenhang der versiegelten päpstlichen Verordnung mit einer Wasserrinne im Wattenmeer geben soll. Die Urkunde aus dem Vatican heißt seit dem Mittelalter die *Bulle* aus lateinisch *bulla*, was zunächst einmal mit *Wasserblase* zu übersetzen war. Später bezeichnete man damit auch manchen anderen Gegenstand, der von kugelförmiger Gestalt war, wie zum Beispiel das Siegel einer Urkunde.

Im Französischen kam man über *boule* (Kugel) zum *bulletin* und verkleinert auch zum *billet*. Auch unsere Fremdwörter *Bouillon* und *Boiler* gehen auf das lateinische *bulla* zurück. Dabei spielt dann mehr und mehr das Verb *bullire* seine tragende Rolle. Über *blasenwerfen* wuchs der sprachliche Gehalt in Richtung *sieden* und fertig war die *Bouillon*.

Was aber ist mit der Fahrrinne, wie zum Beispiel Robinsbalje, Blaue Balje und vielen anderen? Auch *Balje* gehört zur sprachlichen Familie der *bulla*. Im Plattdeutschen benutzt man das Wort *Balje* oder *Balge* für einen ganzen Katalog von Begriffen, die aber alle etwas mit einer Blase gemeinsam haben: Sie stehen samt und sonders für Gefäße, die Flüssigkeiten aufnehmen können. Das sind unter underen: Waschwanne, Kübel, Badewanne, Futtertrog aber auch Wasserloch, Wasserlauf, Wasserrinne (besonders in der Nähe von Deichen).

Auch die Dänen verwenden *balje* mit derselben Bedeutung. Darunter ist auch eine Riesentasse für den besonders großen Kaffeedurst zu verstehen. *Gå in baljen* heißt zu deutsch *ins Wasser fallen*.

# *Die Bake ist keine Birke*

"*Bake* stammt von dem Plattdeutschen Wort für *Birke*. Schließlich dienen oft Birkenreiser als Fahrwassermarkierung im Watt". Diese oft gehörte Behauptung klingt einleuchtend, sie ist aber falsch. Das plattdeutsche Wort für *Birke* heißt nämlich Barke (mit r). Es stammt ab vom althochdeutschen *birihha*, das wiederum eine Weiterentwicklung des altindogermanischen *bhereg* ist. Die Bedeutung ist *glänzend, strahlend*. Gemeint ist damit der leuchtend weiße Stamm des Baumes.

Die *Bake*, das feste Seezeichen für die Navigation, hat andere sprachgeschichtliche Vorfahren. Da ist einmal das altnordische *bakn* (Zeichen), das von dem althochdeutschen *bouchen* abgelöst wurde. Und damit verliert sich auch schon seine Spur in der hochdeutschen Sprache.

Plattdeutsch hat der Begriff überlebt als *Baak, Book* oder eben *Bake* mit der Bedeutung *Merkzeichen, Seezeichen*. Auch die Niederländer sagen *baak*. Sie besitzen ein geflügeltes Wort, das uns deutlich macht, was gemeint ist. Jemand, der einem anderen in schwieriger Lebenssituation weitergeholfen hat, wird mit dem folgenden Satz geehrt: Er war mir eine Bake im Lebensmeer. Auch in der englischen Sprache gibt es noch ein Wort aus diesem Stammbaum. Aus altsächsisch *bocan* über das altfriesische *becen* oder *bacen* und das altenglische *beacn* wurde das heutige *beacon*. Bezeichnet wird damit ein Feuerzeichen, ein Leuchtturm.

Trotz der nordischen Herkunft der *Bake* benutzen die Dänen und Norweger ein anderes Wort für diesen Sinngehalt. *Varde* ist wahrscheinlich aus dem plattdeutschen *Warde* (Wachtposten) entstanden. Auch die Warde hat einen altnordischen Vorfahren, nämlich *vardhi*, was soviel heißt wie *wahren, bewahren, bewachen*. Unser Wort *warten* im Sinne von *pflegen* und selbstverständlich auch der *Wärter* gehören in diese Wortfamilie. Und dazu paßt dann auch das Seeleuten nur allzu wohlbekannte *Wahrschau!*

# Besser Bar als Barre

Eine Barre vor der Hafeneinfahrt oder vor einer Flußmündung ist wohl kaum eine Sache, die einen Skipper vor Freude tanzen läßt. In einer Bar dagegen kommt meist schnell eine fröhlichere Stimmung auf. Da wird dann das Tanzen schon wesentlich leichter. Zumal vor und hinter der Bar nicht selten attraktives Personal, zu allerlei Dienstleistungen bereit, auf Opfer lauert. Dennoch: *Barre* und *Bar* sind Wörter mit fast identischem Sinngehalt, wenigstens soweit es den Grundbegriff betrifft. Wo nun eigentlich die sprachgeschichtliche Wiege der *Bar* gestanden haben mag, das haben die Linguisten bislang noch nicht ergründen können. Sicher bezeugt ist der Stammbaum erst seit dem Mittelalter. Da gab es bereits ein Substantiv *barra.* Und das war ein sperrender Balken.

Das spätlateinische Wort wurde im Französischen zu *barre* und damit zur Essenz einer stattlichen Zahl von Begriffen, die als Lehnwörter auch bei uns heimisch geworden sind: *Barriere, Barrikade, Embargo* und das französische Wort *barrage* (Talsperre) sind nur ein paar Beispiele. Dazu kommt noch zweimal der Ausdruck *Barren*, einmal als Stange zu der Wertmetall gegossen wird und zum anderen für ein Turngerät mit zwei Stangen, das schon der Turnvater Jahn persönlich so genannt haben soll.

Auch im Englischen ist *bar* ein solides Stück Holz, das man zur Befestigung oder zur Absperrung verwenden kann. Und so eine Sperre im Schankraum war ja die Bar schließlich früher auch einmal. Sie sperrte den Flaschen-Vorrats-Raum gegen den Ansturm durstiger Gäste, besonders dann, wenn diese nach Genuß einiger Promille etwas zudringlich werden sollten. Heute wurde aus dieser Bar ein oft recht komfortabel und verschwenderisch ausgestalteter Schanktisch.

Die Engländer bezeichnen mit diesem praktischen Wort *bar* noch eine ganze Reihe von Dingen, die alle einen absperrenden Tatbestand erfüllen. Da ist zum Beispiel in der Musik auch der senkrechte Strich, der im Notenbild das Ende eines Taktes markiert. *Barred* heißt *gesperrt.* Unsere maritime *Barre* und das englische *barrier* haben eher die französische *barrière* zum Vorbild. Bleibt zu hoffen und allen Skippern zu wünschen, daß sie es auf ihren Törns häufiger mit Bars als mit Barren zu tun kriegen, obwohl Bars auch ganz schön gefährlich werden können. Schon wegen des attraktiven Personals.

# *Baum steht nicht aufrecht*

Es gibt nicht den geringsten Zweifel, daß der botanische *Baum* sprachlich mit dem maritimen identisch ist. In der Realität aber gibt es einen deutlichen Unterschied: Im Reich der Pflanzen wächst ein Baum fast immer senkrecht von unten nach oben, während der Baum zur See nur selten so gelagert ist. Denken wir nur an den Großbaum, Besanbaum, Spinnakerbaum, Ladebaum: keiner von ihnen wächst in die Höhe wie ein Baum in der Natur.

Entstanden ist das Wort *Baum* aus der gotischen Wortwurzel *bagens* und der westgermanischen *bauma*. Die alten Friesen sagten *bam*. Unser *Baum* entstand dann weiter aus dem althochdeutschen *boum*, während sich das plattdeutsche und niederländische *boom* aus dem altniederdeutschen *bam* entwickelte.

Angefangen haben die Niederländer und die Plattdeutschen damit, das Wort *boom* auch für hölzernes Gerät, zum Beispiel für den *Sensenbaum*, einzusetzen. Und so kamen wir zu unserem *Baum* als Wort für die lange Spiere am Fuß bestimmter Segel, die das Tuch in Längsrichtung steif hält.

Die Dänen übernahmen das Wort von ihren Nachbarn im Süden. Sie sagen *bom*. Die Engländer haben gleich zwei maritime Ausdrücke, die von *boom* abstammen. Da ist einmal *boom*, das nach guter alter englischer Sitte *buhm* zu sprechen ist. Dies bezeichnet genau das, was deutsche Seeleute *Baum* titulieren oder mit *boom*, wenn sie plattdeutscher Provenienz sind.

Dann gibt es noch englisch *beam*, das *bihm* gesprochen wird. Es meint eine Horizontal-Traverse, die einen Schiffsrumpf zusammenhält. Von daher kommend wird der Ausdruck im Englischen auch als Begriff für die *Breite über alles* eingesetzt.

Ein Beweis für die Abstammung des skandinavischen und des englischen maritimen Baums vom niederländisch-plattdeutschen Vorfahren ist die Tatsache, daß sich Dänen mit *trae* und Engländer mit *tree* ausdrücken, wenn von einen Gewächs in der Natur die Rede ist. Sie besitzen dieses Wort aus dem altfriesischen *tre*, was wiederum mit den griechischen Wörtern *dory (Holz)* und *dreys (Eiche)* verwandt ist.

MÖWE

# *Eine Stadt, ein Käse und ein Admiral*

Es wird allerhöchste Zeit, daß sich einmal jemand hinsetzt und eine Biographie des Admirals Francis Beaufort schreibt. Der Mann mit der Wind-Skala gerät sonst total in Vergessenheit. Zwölf verschiedene gewichtige Lexika haben wir gewälzt und nach ihm gefahndet. Der Erfolg ist niederschmetternd: Alle kennen die Beaufort-Skala, aber keines von ihnen erwähnt den Mann, der sie erfunden hat, mit mehr als einer knappen Zeile.

Ein englisches Nachschlagewerk hat nicht einmal diese für den Admiral übrig. Aus einem französischen Lexikon erfahren wir wenigstens, daß *Beaufort* eine Käsesorte ist mit Provenienz in Savoyen, etwa vergleichbar dem Gruyère und dem Schweizer. Der Brockhaus liefert noch zwei französische Adelsgeschlechter und ein englisches. Dort steht auch, daß zwischen 1370 und 1447 in England ein *Beaufort* Kardinal gewesen ist. Die 24-bändige Collier's Encyclopedia aus USA steuert unter *Beaufort* noch eine Stadt bei, gelegen im Staate South-Carolina am Atlantik.

Sir Francis Beaufort ist trotz seines französischen Namens ein guter Brite. Er lebte von 1774 bis 1857. Wahrscheinlich gehörte er zu einem alten englischen Adelsgeschlecht, das in der britischen Geschichte eine nicht ganz unbedeutende Rolle gespielt hat. Ursprung der Familie aber ist wie auch die des Käses das französische Savoyen. Sir Francis war Hydrograph bei der britischen Admiralität. 1806 veröffentlichte er die nach ihm benannte Skala der Windstärken von 0 bis 12. Die Skala fand 1874 internationale Anerkennung.

Seit einigen Jahren gibt es sogar 17 Windstärken. Die Beaufort-Skala wurde von der US-Marine erweitert, weil für bestimmte Wettererscheinungen die Stärke 12 nicht ausreicht. Seit 1949 ist die neue Skala vom Internationalen Metereologie Komitee anerkannt. Für die Seefahrt aber blieb es bei den 12 Graden des Admirals. Außer der Windstärken-Skala verdankt die maritime Metereologie dem Sir Francis noch eine Wetterkurzschrift von *b* für *blue sky* bis *z* für *hazy* (häsiges, dunstiges Wetter).

# Babys werden gebuddelt

Die *Buddel* spielt im Seemannsleben eine nicht zu unterschätzende Rolle. Mag sie nun Rum oder Kööm enthalten, Hauptsache, sie ist gut gefüllt. Das aber ist ein Zustand, der ihr an Bord selten lange erhalten bleibt.

Um die *Buddel* (Flasche) ranken sich in der niederdeutschen Sprache ganze Serien von treffenden Sentenzen wie zum Beispiel *in'n Buddel sitten* (in Bedrängnis sein). Wie man sieht, gehört das Wort zur Gruppe der zweigeschlechtigen, von denen es im Platt eine ganze Reihe gibt. Man sagt genau so richtig *der Buddel* wie *die Buddel*. Von *Buddel* kann man auch ein Verb bilden: *buddeln*. Es hat zwei Bedeutungen. Eine davon ist auch hochdeutschen Landratten einigermaßen vertraut: *wühlen, im Sand spielen*. Die andere bezieht sich direkt auf die *Buddel: mit der Flasche großziehen, trinken*. So kann denn einer mit Recht behaupten, daß er deshalb so gern buddelt, weil er schon als Baby gebuddelt wurde.

*Buddel* ist trotz des gekonnten Umgangs mit diesem Wort keineswegs eine Sprachschöpfung der Niederdeutschen. Es hat vielmehr eine vornehme französische und darüber hinaus lateinisch-griechische Abstammung. Vor mehr als 200 Jahren hielt *Buddel* Einzug in norddeutsche Lande. Bereits damals bezog man Wein en gros aus Frankreich. Und der war auf *bouteille* abgezogen, also in Flaschen abgefüllt. *Bouteille* entartete bald zur *Buttel* und daraus machten die Niederdeutschen das gemütlich weiche *Buddel*.

Auch die Engländer schätzen die Weine der Franzosen; und auch sie bogen sich die *bouteille* für ihre Sprache zur *bottel* zurecht. Das französische Wort selbst folgt dem spätlateinischen *buticula* (Fäßchen). Ohne Verkleinerungsform gab es im Vulgärlatein *buttis* (Faß). Schon die Altgriechen hatten *bytinè* (Gefäß). Im Althochdeutschen taucht das griechisch-lateinische Wort als *butin* auf. Im Mittelalter sagte man *büte* und heute heißt es *Bütte*. Nebenher entstanden vor allem im Niederdeutschen weitere Faßbegriffe wie *bödde* und *büdde* bis hin zum *Bottich* und dem *Böttcher* als dem zuständigen Handwerker. Zu den Ablegern von *buttis* gehört natürlich auch das *Bütten* ein aus der Bütte handgeschöpftes Feinpapier. Nicht vergessen wollen wir das wichtigste Requisit im rheinischen Karneval, *die Bütt*.

# Tonne für Ochsenleder

Unser Wort *Boje* stammt wie die Mehrzahl der Begriffe in der Seemannssprache aus dem Niederdeutschen. Dort heißt es *Boye* und bedeutet *Ankertonne*. Die Plattdeutschen sind aber keineswegs die Schöpfer des Wortes. Schon lange vor ihnen besaßen es die Leute auf der anderen Seite des Rheins.

Auf altfranzösisch hieß das Ding *boie*. Es spricht einiges dafür, daß das altfränkische *bekan* oder *baukn* (Zeichen, Markierung) dafür das Vorbild lieferte. Damit wäre die sprachliche Verwandtschaft mit *Bake* offenkundig. Und aus *baukn* dürfte auch *Bauche* entstanden sein. So nennen die Leute am Bodensee ihre *Boje*.

Die Niederländer haben ihr Wort *boei* ebenfalls von den Altfranzosen geerbt. In Frankreich selbst sagt man heute *bouée*, und dieses Wort kennt man gut, wenn man schon einmal mit französischen Seekarten navigiert hat. Neben dieser Form gibt es noch das Wort *balise* mit derselben Bedeutung. Die Herkunft dieses Wortes ist unbekannt.

Die Abstammung des englischen Wortes *buoy* sieht ein britisches Lexikon zwar auch im altfranzösischen *boie* oder *buie*, sonst aber sehen die Autoren des Lexikons die Wortgeschichte ein bißchen anders. Nicht das altfränkische Wort für *Zeichen* soll der Ursprung sein, sondern das lateinische *boia* (Kette, Fessel), das sich seinerseits vom altgriechischen *boeiai* (Streifen von Ochsenleder) herleitet.

Wenn wir beide Deutungsmöglichkeiten zulassen wollen, wären auch beide Funktionen der *Boje* beschrieben: Einmal das *Zeichen* für den rechten Kurs und zum anderen die *Boje* für den Festmacher, sei er nun eine Trosse oder ein Ochsen-Leder-Streifen.

# *Auch die Damen arbeiten an Bord*

*Bord* heißt eigentlich *Brett*. Dazu gesellen sich noch einige verwandte Begriffe wie *Bank, Tisch* und schließlich auch noch die *Schiffsplanke*. Das Wort ist uralt. Schon die Goten sagten *fotubaurd* wenn sie eine *Fußbank* meinten.

Im Laufe der Jahrhunderte hat sich das Wort kaum verändert. Im Altgermanischen hieß es schon *bort* und dabei blieb es im Alt- wie im Mittelhochdeutschen. Im Platt gibt es je nach Landschaft ein paar Nuancen: *Boord, Bord, Buurt, Burt*. Alle diese Wörter haben die seltene Eigenart, sowohl als männliche wie auch als sächliche Substantive aufzutreten. Niederländisch sagt man *boort*, englisch *board* und schwedisch *bord*.

Der Wortsinn *Brett, Brettergestell, Tisch, Bank*, wie er noch heute im Schwange ist, läßt sich vom Inhalt her ganz natürlich auf die *Schiffsplanke* übertragen. Mit *kommt an Bord!* fordern wir auf, die Planken zu betreten. Wer *von Bord fällt*, verläßt sie meist gegen seinen Willen. Früher, zu Zeiten des Althochdeutschen, gab es noch ein ganz ähnliches Wort mit anderer Bedeutung. *Brord* hieß *Rand*. Dieses alte Wort verblaßte und gab seine Bedeutung als zusätzliche Fracht an *Bord* ab. Noch heute sagen zum Beispiel die Schweizer *Bord*, wenn sie *Rand* oder *Böschung* meinen. *Borte* und *Bordüren* sind ebenfalls *Ränder*. Und dazu gehört auch der *Bordstein*.

Übrigens wohnen und schaffen auch die Damen, die in horizontaler Lage ihrem Beruf nachgehen, an *Bord*. Aus dem Romanischen holten wir uns das *Bordell*, das sich sprachgeschichtlich wieder auf *Bord* (Brett) zurückführen läßt. Wie die Schiffe, so waren auch die Hurenhäuser aus Brettern zusammengenagelt. Das französische *bordel* stammt als Verkleinerungsform ab vom altfranzösischen *borde*, und das hatte getreu seinen indogermanischen Wurzeln die Bedeutung *(Bretter-) Hütte, Bauernhof*. Wie dann aber aus dem Hof ein Bordell wurde, das mögen die Altfranzosen wissen.

# *Segel mit Armen*

*Brassen* gibt es bei den Großseglern als Taue an den Rahnocken, mit denen das Segel dem Winde entsprechend eingestellt werden kann. Man kann anbrassen (dichtholen) oder aufbrassen (fieren) je nachdem ob man anluven oder abfallen will.

Die Franzosen sahen in den beiden Tauen an jeder Rahe die Arme des Segels. Deshalb sagten sie *bras de vergne* (Arm der Rah) zu einem solchen Tau. Und *bras* wurde später in die Sprachen aller seefahrenden europäischen Völker übernommen.

Das französische *bras* (Arm) wiederum ist ein direkter Nachfahre des lateinischen *bracchium* (davon *Brachialgewalt*), was seinerseits zurückgeht auf das altgriechische *brakhión*.

Die Niederländer drücken mit dem Verb *brassen* außer der seemännischen Tätigkeit noch eine Aktion aus, die man an Land auch ganz gut ausüben kann, nämlich das, wofür wir ein ähnliches Wort haben: *prassen, schlemmen*. Dieser Begriff allerdings ist aus anderen Wurzeln gewachsen. Er entstammt dem lautmalenden nordischen *brase* (bruzzeln, braten, prasseln). Zurück zum französischen *bras*. Es ist in seiner Bedeutung ganz schön vielseitig. *Brasse* zum Beispiel ist ein altes maritimes Längenmaß von 1,642 Metern = 5 französischen Fuß. *Brasser* heißt natürlich *brassen*, aber auch *Bier brauen* und *brassier* ist eine Vorrichtung, die genau wie die Rahe links und rechts vom Segel ihre Befestigungsstrippen hat: ein *Büstenhalter*. Für den gibt es allerdings noch das neuere *soutien gorge* (Bruststütze).

Die Engländer haben *brace* schon aus dem Altfranzösischen übernommen. *The brace* kann in der Seemannssprache einmal die *Brasse* sein, aber auch der Metallbeschlag, der mit Bolzen und Schrauben auf dem Heckpfosten und den Bodenbrettern des Schiffes befestigt ist

Ein *bracer* ist einer, der mit Brassen hantiert. Außerdem heißt so ein stimulierendes Getränk. Und das Letztere wird Ersterer in bestimmten Situationen wohl zu schätzen wissen.

# Streitross gegen die Wogen

*Bug* stammt von einem indogermanischen Urwort, das zunächst einmal etwas ganz anderes ausdrückte, als das, was Seeleute heute darunter verstehen. Noch altgermanisch sagte man *bouc* und meinte damit einmal eine *Biegung*, dann aber auch die Achsel und das Obergelenk der Beine. Althochdeutsch hieß das *buog* und bedeutete dann nur noch *Oberarm, Schulter*.

Ähnliche Vokabeln gibt es in allen indogermanischen Sprachen. Und sie alle beziehen sich auf den Arm oder seine Teile wie *Ellbogen, Unterarm, Schulter*. In der germanischen Mythologie wuchs die Vorstellung von den Ästen eines Baums als seinen Armen. Geblieben ist davon das englische Wort *bough* als *Zweig*. Hierher gehört auch der *Bug* in der Fachsprache der Zimmerleute. Gemeint ist damit eine (dem Ast vergleichbare) Strebe im Hausgebälk.

In den Niederlanden entstand aus dem germanischen *bouc* der Ausdruck, der uns hier interessiert: *boug* als Bezeichnung für den vorderen Teil eines Schiffes. Von den Niederländern erbten die Norddeutschen den neuen Wortsinn und von ihnen später die Skandinavier. Noch heißt heißt *bog* im Schwedischen *Arm* aber auch *Schiffsbug*.

Wie aber konnte aus dem germanischen Wort für *Arm, Vorderfuß* die Bezeichnung für den Schiffsteil werden? Sprachforscher suchen ihr Heil in der germanischen Mythologie. Dort galt ein Schiff als ein gegen die Wogen galoppierendes Streitroß. Und wenn ein Pferd galoppiert, hat es die Vorderfüße und Schultern logischerweise ganz vorn. Übrigens werden die Schultern eines Pferdes auch heute noch oft mit *Bug* bezeichnet.

Eine andere - mehr technische - Erklärung meint, daß der starke Steven, der aus einem Bug (Ast) zurecht gezimmert wurde, den Namen gegeben habe. Kann ja sein, aber ich finde die Sache mit dem Wogenroß hübscher.

# Das Auge vom Rindvieh

Was hat denn der Bulle auf der hohen See zu suchen? Gleich in zwei wichtigen Seemannsausdrücken taucht das mächtige Tier auf: Einmal beim *Bullauge* und dann noch bei der *Bullentalje* (auch *Bullenstander* genannt). Warum das Bullauge - oder mit englischem Design *Bulleye* - diesen Namen hat, ist nicht schwierig zu ergründen. Das so benannte Fenster in der Bordwand ist nun mal so groß und so rund, daß es leicht die Erinnerung an das Auge eines ausgewachsenen Bullen wachrufen kann.

Die Erklärung für *Bullenstander, Bullentalje* ist nicht ganz so einfach. Wahrscheinlich ist der Rindermann dabei

überhaupt nicht im Spiel. Das namensgebende Wort ist möglicherweise das *Bollwerk*, englisch *bullworks*. Von diesem alten deutschen Wort ist auch das französische *Boulevard* abgeleitet.

*Bullworks* ist für den britischen Seemann die hochgezogene Bordwand, die gegen überkommende Seen schützen soll. In der deutschen Seemannssprache steht dafür statt des *Bollwerks* ein Synonym, nämlich *Schanz*.

Die Bullworks sind es schließlich, an denen die Bullentalje festgezurrt wird. Da nun das andere Ende dieser Talje an der Baumnock fest ist, wird dem Großbaum keine Chance gelassen, auf Vormwindkurs jede kleine Fehlreaktion des Rudergängers zu nutzen, mit voller Kraft unkontrolliert auf die andere Schiffsseite überzuschlagen und bei dieser passenden Gelegenheit die Hälfte der Crew über Bord zu fegen.

Was aber den lebendigen Bullen angeht, so wird man bei der Erforschung der Herkunft seines Namens bald auf das lateinische *bulla* stoßen, das wie das französische *boule* mit *Kugel* zu übersetzen ist. Mit dieser Kugel - oder besser mit zweien - ist das beim männlichen Rind kaum zu übersehende Geschlechtsteil gemeint. So ist also der Bulle seines Zeugungsorgans wegen zu seinem Namen gekommen.

# Die See hat eine Beule

Daß eine Meeresbucht sprachlich etwas mit der Brust eines weiblichen Menschen zu tun haben könnte, wird niemanden wundern, der nur ein bißchen Phantasie zu gebrauchen versteht. Diesen Zusammenhang stellt man allerdings nur im Westen des germanischen Sprachgebietes her. Im nord- und ostgermanischen Raum ging die sprachliche Analogie zwischen dem geographischen und dem anatomischen Busen verloren.

Das hochdeutsche *Busen* gibt es auch in plattdeutscher Version. *Bussen* oder *Bossen* sagt man an der Waterkant, und gemeint ist damit ebenfalls der Busen in des Wortes doppelter Bedeutung. Im Platt versteht man darunter aber auch noch den leeren Raum zwischen Brust und Kleidung. In Schleswig-Holstein meint man damit sogar auch *Riß, Spalte*. Dort sieht man eben auch, was zwischen den wohlgerundeten Formen stattfindet. Kurioser Weise gibt es diese Doppelbedeutung auch bei den Arabern.

Die Übertragung des Busens von der Vorderseite einer Frau in die amphibische Landschaft ist keine Einzelleistung unserer gemanischen Vorfahren. Die Römer haben ihnen das bereits vorexerziert, wenn auch mit einem anderen Wort. Sie bedienten sich des bei Mathematikern wohlbekannten Wortes sinus. Im lateinischen Sprachgebrauch fungiert dieses praktische Wort als Sammelbegriff für alle möglichen Dinge, die sich durch hübsch gerundete Formen auszeichnen. *Bogen, Krümmung, Busen, Schoß*, Herz,

*Inneres* und sogar die *Liebe* kann der Lateiner in dieser Vokabel unterbringen.

Und noch früher verglichen die Griechen die weiblichen Formen mit der Küste. Altgriechisch hieß *kolpos* nur *Busen*. Die Neugriechen meinen damit *Bucht*. Und aus kolpos entwickelte sich international der *Golf*. Im Mittelalter hieß das deutsche Wort *buosen* aber auch *bousen*. Vorfahre im Althochdeutschen ist *buosam*. Entsprossen sind diese Ausdrücke der indogermanischen Sprachwurzel *bhu*, die auch das Wort *Beule* hervorgebracht hat. Wen wundert's, daß *Busen* und *Beule* semantische Zwillinge sind? Wenn auch die Ursachen für ihre Entstehung keineswegs gleichgelagert sind. Die Grundbedeutung der Sprachwurzel ist *schwellen, aufblasen*. Und so passen auch *Beutel, Pocke, Bauch, Pusten, Bausch* prächtig in die Sprachverwandtschaft.

Warum aber auch böse dahingehört, ist auf den ersten Blick nicht leicht auszumachen. Vielleicht kommt das daher, weil ein Mensch, der uns böse ist, merkwürdig aufgeblasen aussieht. Ansonsten will mir beim Gedanken an *Busen* überhaupt nichts böses einfallen.

# Verstärktes Wachstum

Man sieht es dem Wort *Crew* kaum an, daß es eine edle humanistische Abstammung besitzt. *Crescere* (wachsen) ist das lateinische Stammwort. Auch das englische *to grow* führt seine Abstammung darauf zurück. Aber zunächst einmal bedienten sich die Altfranzosen bei den Lateinern. Sie machten aus *crescere* ihr *creue*. Im Altenglischen wurde daraus *crue* und heute sagt man bekanntlich *Crew*.

Da dieses Wort nun so schön handlich ist und dazu auch noch einen weiten Bedeutungsspielraum läßt, wurde ihm im Laufe der Zeit immer mehr an Inhalten aufgeladen. Bei der *Verstärkung für eine militärische Einheit* ist der Grundgehalt von *crescere* noch deutlich sichtbar. Später aber wurde *Crew* einfach zur Definition einer Kompanie Soldaten gebraucht. Noch diffuser wurde die Sache, als man dann auch noch jede denkbare Form der Organisation bewaffneter Männer als *Crew* bezeichnen konnte. Der nächste Schritt wurde getan, als auch Zivilisten Mitglieder einer Crew sein konnten. Das Wort stand schließlich für jede Art einer organisierten Mannschaft, die sich für irgendeinen Zweck zusammengefunden hatte. Das kann eine Sportgemeinschaft ebenso wie eine Gruppe von Arbeitern unter einem Vorarbeiter sein.

Natürlich machte diese Erweiterung des Begriffsinhaltes von *Crew* auch nicht vor der Christlichen Seefahrt halt. Zunächst brauchte man den Ausdruck exakt umrissen für eine Gruppe der Mannschaft unter dem Befehl eines Deckoffiziers oder eines Bootsmannes; später aber war es und ist es noch heute das gesamte Personal eines Schiffes. Man braucht aber keineswegs Seemann zu sein, um einer *Crew* anzugehören, die sich aus irgendeinem Grund zu irgendeinem Zweck zusammengefunden hat.

Von *crescere* (wachsen) ist im heutigen Crew-Begriff kaum noch etwas zu merken. Gewachsen aber ist beharrlich der Bedeutungsinhalt des Wortes. Leider ist das auch bei vielen anderen Wörtern so. Die Sprache gewinnt dabei keineswegs an Präzision.

# *Hau den Alba!*

Seefahrer wissen, was ein Dalben ist. Es handelt sich um eine Versammlung von vier bis acht soliden Pfählen, die in den Grund gerammt sind. Sie dienen den Schiffen zum Festmachen und den Brücken, Schleusen und anderen Werken zum Schutz vor rammenden Wasserfahrzeugen. Außerdem gibt es noch den Deviationsdalben, um den herum die Schiffe Karussell fahren und dabei ihren Kompaß kompensieren.

Für einige Spracherklärer ist die Sache furchtbar einfach. Das Wort, so meinen sie, komme vom niederländischen *dalb*, was soviel wie *Pfahl* heißt. Auch die Tatsache, daß der Dalben oft auch *Duckdalben* und gelegentlich *Dückdalben* genannt wird, bringt die voreiligen Erklärer nicht in Verlegenheit. Das hinge eben mit dem niederländischen *duike* (tauchen) zusammen. Auch wir haben das Wort *Düker* für eine Gas- oder Wasserleitung auf dem Meeresgrund.

Mich befriedigt diese Erklärung schon deshalb nicht, weil Dalben mit Gas- und Wasseranschluß ausgesprochen rar sind. Auffällig ist, daß die Niederländer dieses für die Schiffahrt so nützliche Gerät *dukdalf* nennen. Verdächtig ist auch die Tatsache, daß das Wort nur im Niederdeutschen, im Niederländischen und im Französischen vorkommt.

Das französische Wort läßt überhaupt keinen Zweifel über die Abstammung des *Dalben*: *Duc d'Albe* nennen die Franzosen die Pfahlgruppe. Und das ist auch der Name des Herzogs von Alba, genauer: Fernando Alvares Alba, Herzog von Toledo, der von 1507 bis 1582 gelebt hat und als spanischer Feldherr und Staatsmann sowohl den Niederländern als auch den Franzosen erheblichen Ärger bereitet hat. So hat sich der Herzog von Alba als Statthalter von Phlipp II. in den Niederlanden durch eine unerträgliche Härte gegenüber den Unterdrückten ausgezeichnet. Die Holländer wehrten sich auf ihre spezielle Weise: sie durchstachen ihre Deiche und sahen in Ruhe zu, wie die fremde Tyrannei schlicht und ergreifend ersoff.

Warum man sich aber bis auf den heutigen Tag des berühmt-berüchtigten Herzogs erinnert, sobald man der Pfähle-Versammlung ansichtig wird, dafür gibt es mehrere Erklärungsversuche. Die einen meinen, daß der Dalben Sinnbild für die Standhaftigkeit des Spaniers sei. Andere sind der Ansicht, daß die Pfähle an die kriegerischen Befestigungswerke jener Tage erinnere.

Mir gefällt am besten die dritte Version, nach der ein Dalben gewissermaßen als Stellvertreter des grimmen Alba funktionierte. Immer dann, wenn es galt, mit gewaltigen Hammerschlägen einen dicken Pfahl wieder ein paar Millimeter tiefer in den Grund zu rammen, stellten sich die niederländischen Arbeiter vor, es sei das Haupt des Herzogs Alba, das sie da mit schwerem Gerät bearbeiteten. Die Wucht ihrer Schläge soll dadurch enorm gesteigert worden sein.

# Tauchen, stehlen und begießen

Untereinander grüßen sich Segler mit einem freundlichen Handzeichen. Sehr viel offizieller wird der Gruß, wenn er durch Dippen der Flagge übermittelt wird. So aber werden nur Kriegsschiffe auf See und Befestigungsanlagen am Ufer gegrüßt. Zu der Zeit, als jeder, der den bunten Rock eines Herrschers anlegte und sich damit umgehend für etwas Besseres hielt, muß das mit der Ehrenbezeigung der bewaffneten Macht angefangen haben.

Gedippt wurde und wird zum Gruße die eigene Nationalflagge. Das heißt, man holt das Tuch etwa um die Hälfte an seinem Stock nieder und heißt sie sofort wieder vor.

Höfliche Kommandeure militärischer Fahrzeuge achten streng darauf, daß in stark befahrenen Gewässern stets ein Besatzungsmitglied an der Flagge bereit steht, dessen verantwortungsvolle Aufgabe es ist, jeden Flaggengruß umgehend durch eigenes Dippen zu erwidern.

*Dippen* ist ein plattdeutsches Wort. Es meint *eintippen, eintauchen* und eben auch die Flagge *dippen*. Im Platt gibt es auch die Varianten *düppen* und *düpen*. Die Bedeutung umfaßt auch *tief machen, vertiefen, ausschöpfen, tauchen, untertauchen, einstippen (Gebäck in ein Getränk)*. Im Hochdeutschen verwendet man ähnliche Ausdrücke, zum Beispiel für *Maschinenschrei-*

*ben* sagt man *tippen*. Auch in diesem Wort steckt die Generalbedeutung *tiefer machen*, nämlich bestimmte Tasten der Maschine.

Die Engländer besitzen für den Tatbestand des *Dippens* ihr Verb *to dip*. Man kann es zusätzlich auch mit *übergießen* übersetzen. Von daher bezieht der *Dip*, die *Salatmarinade* seinen Namen. In der britischen Gaunersprache aber ist *dip* ein *Taschendiebstahl*. Schließlich wird auch bei einer solchen Gelegenheit etwas eingetaucht: eine Hand in eine Tasche.

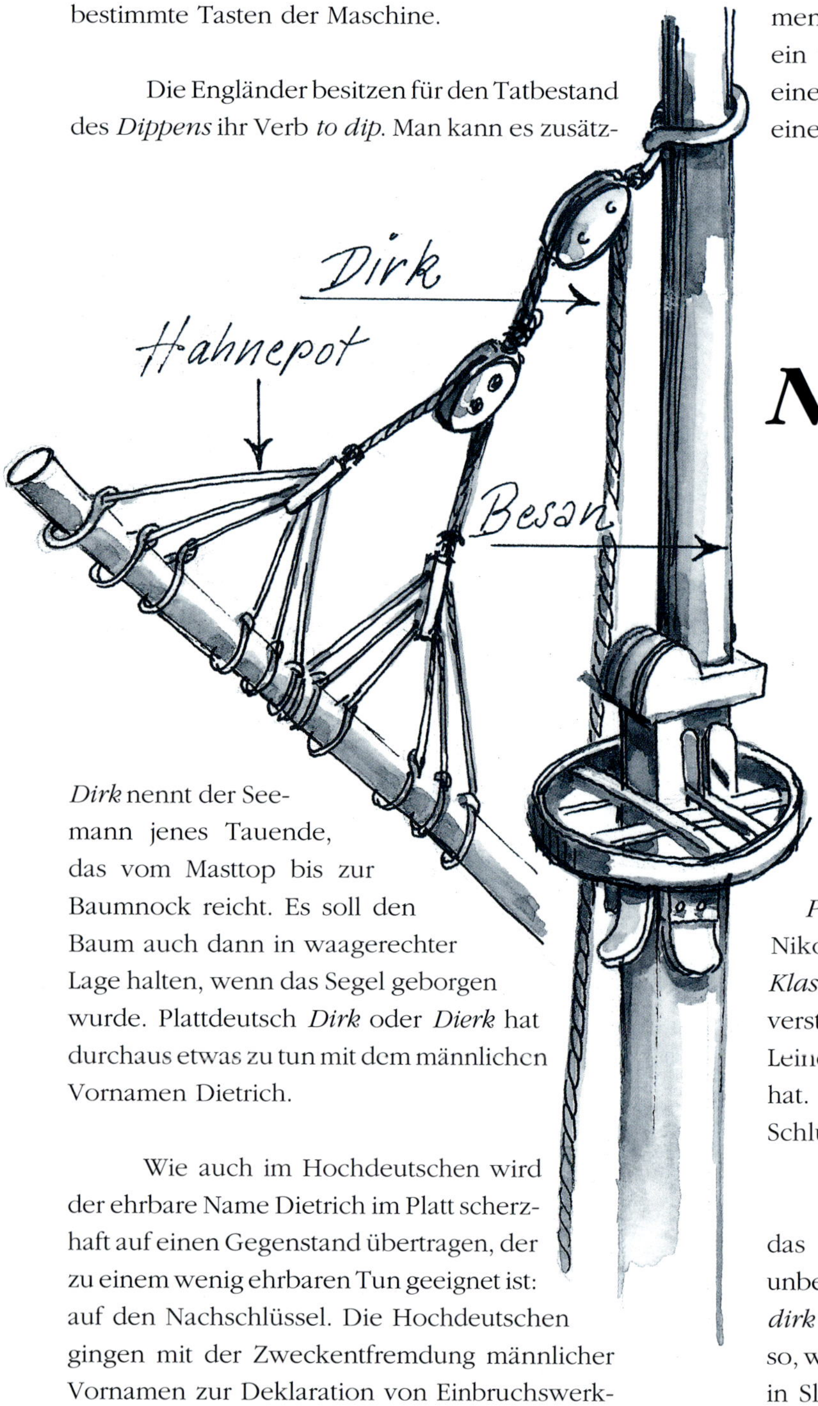


# Nachschlüssel für Segler

*Dirk* nennt der Seemann jenes Tauende, das vom Masttop bis zur Baumnock reicht. Es soll den Baum auch dann in waagerechter Lage halten, wenn das Segel geborgen wurde. Plattdeutsch *Dirk* oder *Dierk* hat durchaus etwas zu tun mit dem männlichen Vornamen Dietrich.

Wie auch im Hochdeutschen wird der ehrbare Name Dietrich im Platt scherzhaft auf einen Gegenstand übertragen, der zu einem wenig ehrbaren Tun geeignet ist: auf den Nachschlüssel. Die Hochdeutschen gingen mit der Zweckentfremdung männlicher Vornamen zur Deklaration von Einbruchswerkzeug noch ein gehöriges Stück weiter. Nicht einmal vor dem heiligen Petrus machten sie halt. Wegen der Funktion des Apostels als Verwalter der Himmelsschlüssel bekam das Einbrecherwerkzeug den Spitznamen *Peterchen*. Im Rheinland mußte auch Sankt Nikolaus daran glauben. Dort heißt der Dietrich *Klas*. Da nun im Platt der Dietrich ein Dirk ist, versteht man es gut, daß man der betreffenden Leine am Großmast auch diesen Namen gegeben hat. Im Segel sieht man offenbar den rechten Schlüssel und in der Dirk den Nachschlüssel.

Nicht nur bei uns gibt es die fröhliche Sitte, das Einbrecherwerkzeug mit dem Namen des unbescholtenen Dietrich zu belegen. Der dänische *dirk* und der schwedische *dyrk* funktionieren so, wie es dieser Name auch in Polen, Litauen und in Slowenien tut. Besonders zärtlich gehen die Engländer mit dem Gaunerschlüssel um, sie

geben ihm den weiblichen Vornamen *Kate.* Überhaupt gibt es auf der britischen Insel viele Personennamen als Fachausdrücke für Werkzeuge, nicht nur aber vor allem in Gaunerkreisen. Die Brechstange trägt die Koseform des Namens Jeremias: *Jemmy* manchmal aber heißt sie noch zärtlicher *Betty, Dirk* ist auch ein Dolch, *Jack* steht für den Stiefelknecht und *Derrick* für den Ladebaum. Auch bei den Niederländern hängt vom Mast herab eine Dirk. Eine *slappe dirk* ist weder für das Rigg noch für die Crew eine erfreuliche Sache. Man kann darunter auch einen dünnen Brei oder eine schlechte Suppe verstehen. *Blinde dirk* dagegen ist besser als der Name vielleicht vermuten läßt. Sie steht für einen Napfkuchen.

# Ein Plätzchen für den Ruderer

Mit *Ducht* ist die Sitzbank in einem Ruder- oder Segelboot gemeint. Dabei spielt es keine Rolle, ob der Konstrukteur die Sitzbretter längs oder quer eingebaut hat. Den Ausdruck kannte man an der Nordseeküste bereits im Mittelalter. In den Niederlanden sagte man damals fast gleichlautend *docht.* Die Germanen hatten dafür *dofta.* Daraus wurde das norwegische *tofta* und das dänische toft.

Eindeutig steht fest, daß die Form mit einem -ft am

Ende die ursprüngliche ist. Das alte Angelsächsische besaß das Wort als *thoft* (th wie im Englischen zu sprechen). Noch älter ist das altnordische *thofta.* Wie bei vielen anderen Wörtern hat sich die Endung im Niederdeutschen in ein *-cht* gewandelt. In der Sprache der Holländer gibt es aber auch heute noch die Nebenform *doft.* Bei den ganz frühen Germanen war das Wort noch etwas länger: *thufton.* Erst mit der Zeit bekam es die Bedeutung *Ruderbank.* Zunächst stand es ganz allgemein und unmaritim für eine Bank, auf der mehrere Personen nebeneinander Platz nehmen konnten. Den direkten Nebenmann redete man dabei mit *gidufto* an. Dieses Wort erwarb mit dem Einzug der *thufton* ins Boot auch die Bedeutung *Mitruderer.*

Auf gut Angelsächsisch hieß dieser Nebenmann *Gethofta* und das war dann auch die Grundlage für das Heranreifen des *Genossen.* Auch eine weibliche Form gab es vom angelsächsischen Wort. Die Mitarbeiterin hieß *thyfta* (Magd).

In der Sprachverwandtschaft der *Ducht* gibt es dann auch noch ein etwas weniger seriöses Familienmitglied, den *Dieb.* Im Englischen kann man das am *thief* noch gut erkennen. So auch am niederländischen *dief* und am altfriesischen *thiaf.*

Die Wortverwandtschaft zwischen Ducht und Dieb geht zurück auf einen gemeinsamen germanischen Stammvater: Der Verbalstamm *teup-* ist mit *sich niederkauern, hocken* zu übertragen. Und das tun eigentlich sowohl der Ruderer auf der Ducht, um zu pullen, als auch der Dieb hinter dem Busch, um sich zu tarnen.

# *Ein schielender Quertreiber*

Man möchte es kaum glauben, aber es ist wahr: Die Wörter *dwaars, quer* und *zwerch* sich landschaftliche Varianten von ein und demselben Ausdruck. Bei Seeleuten gibt es für *dwars* noch einen alternativen Begriff, nämlich *querab.* Wer auf einem Segelschiff den Wind dwars hat, der kann prächtige Fahrt mit halbem Wind machen.

*Dwars* also ist die plattdeutsche Version des Wortes für *quer.* Das Adverb gibt es in derselben Gestalt mit demselben Inhalt im Niederländischen. Die Dänen sagen dazu *tvaers.* An der Nordseeküste gibt es dazu noch die Nebenform *dwass.* Mit *dwars und dweer* meint man in plattdeutschen Landen natürlich genau das, was etwas weiter südlich *kreuz und quer* genannt wird. Interessant an der norddeutschen Fassung ist, daß beide Wörter der oft gebrauchten Wendung in Wirklichkeit Erscheinungsformen von ein und demselben Ausdruck sind.

Ein *Dwarsdriever* ist die plattdeutsche Entsprechung zu *Quertreiber* oder *Dickkopf.* Es kann aber auch *Herumtreiber* heißen oder man redet damit so einen Lümmel an, der aus irgendeinem Grunde mit seinem Schiff einen falschen Kurs steuert. Möglicherweise tut er das, weil er einer ist, der *dwars kieken deit* (schielt).

*Dwars* ist ein Wort aus dem gemeingermanischen Sprachschatz. Altnordisch hieß das *thvers*. Das altenglische *thveores* läßt bereits die Verbindung zu *quer* erahnen. Aus *thvers* wuchs das althochdeutsche twerch, das auch im Mittelalter noch für *schräg, verkehrt, quer* stand. Und davon stammt natürlich auch das liebenswerte oberdeutsche *zwerch* ab. *Überzwerch* ist nicht etwa ein Titel für einen etwas zu groß geratenen Gnom. Es bedeutet einfach *überkreuz*.

Zu Beginn der Neuzeit hatte man es sich in Mitteldeutschland angewöhnt, bei allen bis dato vorn mit *tw-* zu schreibenden Wörtern dafür ein *qu-* einzuschmuggeln. Und damit war die Bedingung erfüllt für das Wachstum immer neuer Sprachverwandter von *dwars*, wie *Quark, Quirl, Quetsche* (Zwetschge), *Quarz, quengeln* und manches mehr.

# *Ebbe ist Bewegung*

Notorische Landratten sehen in der *Ebbe* meist einen bestimmten Zeitpunkt, nämlich den des niedrigsten Wasserstandes. In Wirklichkeit ist Ebbe Bewegung: das Wort steht für das Fallen des Wasserstandes vom Zeitpunkt des Hochwassers bis zum Niedrigwasser. Und exakt dieser Sinn steckt auch in dem Wort *Ebbe*, das schon im 17. Jahrhundert aus dem Platt ins Hochdeutsche übernommen worden ist. Im Mittelalter sagte man an der Waterkant bereits *Ebbe*, altfriesisch hieß das kaum anders *ebba*. Gemeint damit ist *zurückfluten, Rückgang*.

Unsere Präposition *ab* in der Bedeutung *hinunter, weg, zurück* ist ein sehr naher Verwandter von *Ebbe*. Dieses *ab* gab es schon in heutiger Gestalt im Mittelhochdeutschen. Klangvoller war allerdings das althochdeutsche *aba*. Die alten Goten sagten *af*. Deutlich erkennbar ist die Verwandtschaft mit englisch *of* und schwedisch *av*. Ähnliche Wörter trifft man in allen indogermanischen Sprachen. Der Inhalt ist stets eine abwärts gerichtete Bewegung, vergleichbar der Ebbe innerhalb der Gezeiten. Ursprünglich muß das Wort *apo* geheißen haben. In dieser Form blieb es dem Griechischen erhalten. In zahlreichen Wörtern aus den verschiedensten Gebieten der Wissenschaft begegnet es uns als Vorsilbe. Zum Beispiel in *Apotheke*. Das ist eine Zusammensetzung mit *theke* (Behälter). Eine Apotheke ist also eine Einrichtung, in der etwas in Behältern niedergestellt wurde, ein Lager.

Eine Steigerungsform von *ab* macht *ab* noch *aber*. Und das ist ein Wort, das wir brauchen, um von einer aufgestellten Behauptung etwas herunterzunehmen.

# Von Mittag bis Mittag

Ein *Etmal* ist zum Beispiel die Distanz, die von einem Schiff von einem Mittag bis zum Mittag des folgenden Tages versegelt worden ist. Das Wort bezeichnet damit die Länge eines astronomischen Tages, nämlich eine Erdumdrehung, die jeweils vom höchsten Sonnenstand bis zur Wiederkehr dieses Ereignisses gerechnet wird.

Im Plattdeutschen sagt man *Ettmal.* Daneben existiert auch noch der Ausdruck *Ebenliet.* Er steht auch für den Zeitraum von 24 Stunden. Beide Wörter werden an der Nordseeküste auch zur Bezeichnung der Gezeiten eingesetzt, die in der Deutschen Bucht ja (sehr grob geschätzt) auch in einem Rhythmus rund um die Uhr wiederkehren.

Bei der Suche nach den sprachgeschichtlichen Wurzeln von *Etmal* gerät man leicht in die Versuchung, viel zu weit in die Ferne zu schweifen. Es handelt sich nämlich keineswegs um eine semantische Anleihe aus irgendeiner Fremdsprache. *Etmal* ist gutes Deutsch. Da gibt es nämlich die alte nordische Vorsilbe *et-* für Wiederkehr. Sie wird immer dann angewendet, wenn irgend *et-was* mehrfach vorhanden ist. Wir kennen ganze Serien von solchen *et*-Wörtern wie *etwas, etliche, etwelche* usw. Auch das lateinische *et* (und) dürfte in diese indogermanische Wortverwandtschaft passen.

Die zweite Silbe *-mal* gab es in dieser Form bereits in althochdeutschen Zeiten. Sie hat sich bis auf unsere Tage weder in Form noch im Inhalt verändert. In *einmal, zweimal, jedes Mal* begegnet sie uns täglich. Entstanden ist diese Silbe aus der indogermanischen Wurzel *-med-*, die uns auch *Meter* beschert hat. *Maß, Gemessenes* dürfte den Sinn dieser Wurzel wohl am besten umreißen.

So bedeutet denn Etmal etwas regelmäßig immer wieder Gemessenes. Die Niederländer benutzen *etmaal* als Ausdruck für den Zeitraum von 24 Stunden. So sagten früher auch die Dänen. Heute schreiben sie wie wir nur noch ein a. Schließlich bleibt uns nur der fromme Wunsch an alle Skipper: Möge euch Rasmus ein gutes meilenreiches Etmal bescheren!

# Verteidiger der Bordwand

Das Wort *Fender* für das Schutz- und Prellkissen zwischen Kaimauer und Bordwand beziehungsweise zwischen Bordwand und Bordwand in der Päckchenlage klingt so treffend urplattdeutsch, und doch hat es seine sprachliche Heimat jenseits der Alpen bei den alten Römern.

Die hatten in der lateinischen Sprache ein Wort, das jeder Expennäler aus dem eff-eff kennt. Er braucht nur an den guten alten Caesar zu denken. In seinem *De bello gallico* gehört das Wort zur Grundausstattung: *Defendere* (verteidigen, beschützen). Und was *defendere* ausdrückt, das soll ja so ein Fender schließlich auch tun.

Im Plattdeutschen gibt es *Fender* oder auch *Fenner*, je nachdem, wo genau der Sprecher zuhause ist. Auch in den Niederlanden und in Dänemark versehen *fender* ihre schützende Aufgabe. Im Englischen gibt es ein Verb *to fend* mit der Bedeutung abwehren. Die ältere Form *to defend* läßt noch deutlich erkennen, wer der Lieferant dieses Ausdrucks an die nordischen Sprachen letztlich gewesen ist.

*Fender* heißt im Englischen auch Kamingitter und Stoßstange (beim Auto). In Amerika ist sogar der Kotflügel des Autos ein *fender*.

# Tendenz: Lustlos

Flaute ist Windstille, oder es herrscht nur so ein *flauer, schwacher, kraftloser* Wind, daß es nicht lohnt, überhaupt ein Segel zu setzen. *Flau* ist also das Adjektiv zu *Flaute*. Das Wort kommt aus dem Plattdeutschen, wenn auch die Hochdeutschen *flau* fleißig mitbenutzen.

*Matt, schwach* und sogar *ohnmächtig* wäre die korrekte Übersetzung des niederdeutschen Wortes. *Mi is flau in'n Maag*, mit dieser Wendung signalisiert ein Plattdeutscher den Beginn seiner Seekrankheit. Bei den Niederländern heißt dieses Wort entsprechend ihrer Orthographie *flauw*. Wenn man weiß, daß es sich um einen Ausdruck von der Waterkant handelt, dann weiß man schon allerhand. Wie aber das Wort dahin kam, weiß niemand mit Sicherheit zu sagen. Im Hochdeutschen wurde man auf das Wort *flau* und seine oft verhängnisvol-

len Folgen aufmerksam, als die niederländischen Kaufleute und Börsianer es für die *Tendenz lustlos* einsetzten, für den Zustand, der stets dann herrscht, wenn das Geschäft ohne rechte Nachfrage bleibt.

Ein Packende für eine mögliche Abstammungs-Erklärung könnte uns das althoch-deutsche *hlao* bieten. Man meinte damit den Zustand von nicht heiß und *nicht kalt*, eben von *lau*. Wir haben davon auch das Wort *Lee*. Als *hlao* gelangte der Ausdruck auch zu den Franzosen, die bekanntlich schon immer ihre Schwierigkeiten mit einem anlautenden h hatten. Deshalb warfen sie diesen unangenehmen Buchstaben kurzerhand hinaus und ersetzten ihn durch ein für sie zungenfreundlicheres *f*. Erst sagten sie *flau* und heute *flou*. Gemeint ist damit *weich, sanft,* eben *flauschig*. Mit dem frisch installierten *f* wurde das Wort zunächst als *flauw* ins Niederländische reimportiert. *Een flauw drankje* ist dort ein Getränk, das mangels Volumenprozente kaum in der Lage ist, einen gestandenen Seemann in die rechte Stimmung zu versetzen. Da zwischen den Niederländern und den Plattdeutschen stets ein reger Austausch von Vokabeln florierte, mußte dann das Wort bald auch auf der deutschen Seite der Waterkant heimisch werden.

Inzwischen kennen das Adjektiv auch die Schweden als *flau* und die Dänen als *flov*. *Vinen har en flov smag* sagen sie, wenn sie mit dem Bouquet eines Weines nicht ganz einverstanden sind. Und auch uns fällt es schwer, uns mit flauen Getränken abzufinden. Mit einer Flaute aber sind wir als Segler ganz und gar nicht einverstanden.

# *Brille, Hengst und Bäuchlein*

Was eine *Fock* ist, weiß jeder, der schon einmal etwas von Schiffen gehört hat. Gemeint ist das Vorsegel, das in jedem Fall vor dem Großsegel steht. Eine anständige Fock soll *ziehen*. Und ziehen ist auch die Grundbedeutung des Wortes. Also ist linguistisch gesehen die Fock ein Zieher. Im Mittelalter gab es nämlich ein niederdeutsches Wort für ziehen und das lautete *fokken*.Die Niederländer waren die ersten, die aus *fokken* das Wort *fok* für das bewußte Segel bildeten. Von ihnen übernahmen es die Franzosen, die heute noch *foc* sagen. Aber auch die Plattdeutschen bedienten sich bei den Holländern, und so kam die Fock in die deutsche Seemannssprache. Und aus dieser wiederum übernahmen die Dänen ihr Wort *fok*.

Das aus dem Mittelniederdeutschen stammende Verb *fokken* verwenden die Niederländer übrigens auch in übertragenem Sinn als *ziehen* in der Bedeutung von *aufziehen, großziehen, erziehen, züchten*. Auch in unserer Sprache gibt es, wie man sieht, diese Übertragung. Und so kann niederländisch *fok* auch *Zucht* heißen. Und ein *fokhengst* ist ein *Zuchthengst*. Sein Geschäft betreibt er in Kooperation mit der *fokmerrie*, der *Zuchtstute*. Außerdem braucht man in den Niederlanden den Ausdruck *fok* scherzhaft für die

*Brille.* Offenbar ist dabei die Nase das Vorstag. Die Plattdeutschen machen ebenfalls gern diesen Witz, nur sagen sie dabei zum Augenglas *Klüver*, wenn sie einen Brillenträger anmosern wollen. *Fokken* also heißt *ziehen, heranziehen* und auch *wachsen lassen.* Deshalb sagt man bei unseren westlichen Nachbarn zu dem, was einer tut, der darauf pfeift, kalorienbewußt zu leben, *een buikje fokken* (sich ein Bäuchlein wachsen lassen).

# Ruderboot oder Dreimaster?

Früher bezeichnete man mit *Fregatte* ein schnelles Kriegsschiff mit drei Masten. Es hatte etwa die Funktion der Linienschiffe späterer Jahrhunderte. Bei der Bundesmarine lebt das Wort *Fregatte* wieder auf. Heute versteht man darunter ein Kriegsfahrzeug zur U-Boot-Abwehr im Geleitdienst.

Im 15. Jahrhundert wollte die *Fregatte* in der deutschen Seemannssprache längst nicht so hoch hinaus. Damals verstand man an der Waterkant darunter ein leichtes, wendiges Beiboot zum Rudern. Das änderte sich, als man begriff, was in dem romanischen Wort alles steckt. die Deutschen kennen das Wort von den Franzosen. Die sagen *fregat.* Erfinder aber sind die Italiener mit ihrer *fregata.* Und das heißt wörtlich übersetzt *Reibung, Abreibung.* Im familiären Italienisch sagt man noch heute, daß jemandem eine *fregata* verabfolgt wird, wenn man ihn nach Strich und Faden bemogeln will. Das läßt recht klar darauf schließen, welche Aufgabe dem Schiff namens *fregata* zugedacht war, wenn es um eine angemessene Behandlung feindlicher Wasserfahrzeuge ging. Die Spanier sagen ebenfalls *fregata,* wenn sie den besagten Dreimaster meinen. Daneben haben sie auch noch den *fregador* in ihrem Sprachschatz, nämlich den *Scheuerlappen.* Hier wird also deutlich wieder auf den ursprünglichen Sinn des Reibens Bezug genommen. Für die britische *frigate* galten strenge Vorschriften: ein solches Schiff mußte mit 28 bis 50 Kanonen auf dem Hauptdeck bestückt sein. Außerdem waren das hochgezogene Quarterdeck und ein typisches Vorkastell Kennzeichen für diese Konstruktion. Die Venezianer besaßen für ihre Auseinandersetzungen mit fremden Schiffen eine ganze Menge von Fregatten. Daneben verfügten sie auch über den Typ der *fregatone.* Dieses kleinere Schiff besaß einen Großmast und einen Besanmast, am anderen Ende hatte es einen imponierenden Bugspriet für eine ganze Reihe von Vorsegeln.

Fregatten findet man keineswegs nur auf dem Wasser. *Aufgetakelte Fregatte* sagen Seeleute wenig liebenswürdig aber exakt treffend von Damen eines gewissen Alters, die sich mit allen Mitteln verzweifelt bemühen, durch Prachtentfaltung in Kostüm und Schminke die Tatsache zu überkleistern, daß sie schon eine ganze Weile jung sind.

# Der Kalte aus dem Norden

Es müssen Leute aus dem sonnigen Süden gewesen sein, die dem Friesen und seiner Heimat ihre Namen gegeben haben. Sonst wäre es wohl kaum erklärbar, daß ausgerechnet das Land des Doornkaats mit dem Namen *Land des Frierens* ausgezeichnet worden ist. Das plattdeutsche Verb *fresen* ist hochdeutsch *frieren.* Und wer das Fresen kriegt, dem läuft ein eiskalter Schauer über den Rücken. Wenn das aber auch noch im Freesland geschieht, wird die Sache nur noch schlimmer. Der *Frees* oder *Frese* also ist der *Frierer*, denn die Abstammung seines Namens von *fresen (frieren)* ist kaum zu bezweifeln.

*Frieren/fresen* ist ein Wort mit alter germanischer Tradition. Es stammt aus der indogermanischen Wurzel *Preus-*. Man muß sich aber sehr hüten, etwa nach einer Sprachverwandtschaft mit einem anderen deutschen Volksstamm zu suchen. Es wäre ja auch wirklich allerhand, wenn Preußen und Friesen aus einer Wurzel entsprossen wären! *Preus-* also war das Urwort. Es konnte sowohl *große Hitze ertragen* als auch *strenge Kälte empfinden* heißen. Offenbar haben unsere sprachlichen Ahnherren der Tatsache Rechnung getragen, daß beide, zuviel Hitze und zuviel Kälte, ähnlich unangenehme Empfindungen hervorrufen können. Im schönen vokalreichen Althochdeutsch sagte man *friosan.* Damit meinte man aber nur noch *frieren.* Die Germanen hatten also den kleinen Unterschied zwischen Hitze und Kälte entdeckt. Bis zum Mittelalter hat sich dann das Wort in *vriezen* geändert. Diesen Ausdruck benutzen die Niederländer auch heute noch. In England heißt es heute *to freeze.* Dem schwedischen *frysa* merkt man seine Verwandtschaft mit dem Friesen noch deutlich an. Es bedeutet *frieren, zufrieren, zu Eis werden.*

Die indogermanische Wurzel hat im Lateinischen gleich zwei Wörter hervorgebracht, von denen das eine (wie gehabt) genau das Gegenteil vom anderen meint: *pruina* (Frost) und *pruna* (Glut). Im Hochdeutschen ist das *s* der älteren Fassungen verschwunden. Das Wort *frieren* (mit r) verdankt seine Existenz einer Partizipialform des mittelalterlichen *vriezen.* Sie hieß *gevrorn.*

Leider beantwortet die Sprachgeschichte nicht die Frage, was denn nun die Ursache dafür sein mag, den Friesen mit dem Frierer in Beziehung zu setzen. Man sollte aber auch an den Bedeutungsdualismus der uralten Indogermanen denken. Vielleicht war es gerade die Hitze des friesischen Temperaments, die man für ihn als charakteristisch empfand. Kann ja sein, oder?

# Gabel, Giebel und Klatschtante

Mit dem Verb *gaffen* hat die *Gaffel* nichts zu tun. *Gaffen* ist mit *gähnen* verwandt, *Gaffel* aber mit *Gabel*. Für nautische Einsteiger: *Gaffel* ist die dem Großbaum ähnliche Spiere zum Spreizen des Oberlieks der Segel. Alles klar?

Im Platt gibt es übrigens zwei Wörter, die sich im Hochdeutschen nur mit einem, nämlich *Gabel* wiedergeben lassen. Da ist einmal *Gavel*. Dieses Wort kennzeichnet die Gabel, die normalerweise auf dem Eßtisch zu finden ist. *Gavel* kann aber auch - wie im Hochdeutschen - auf das Gerät der Landwirtschaft angewendet werden, das sich von der Tafelgabel nur durch Größe und Verwendungszweck unterscheidet. Zweitens kennt das Platt eben die *Gaffel* als Segelspreize.

Von einiger Bedeutung ist aber auch das zusammengesetzte Wort *Gaffeltang* (*Tang* = *Zange*; aber auch *Ast, Zweig*). Dahinter verbirgt sich ein wenig liebenswürdiges Schimpfwort für eine schludernde (klatschsüchtige) Dame, eine Klatschtante also.

Schon bei den alten Kelten war ein Vorgänger der *Gaffel* im Schwange. Altirisch zum Beispiel hieß das gabul. Westgermanisch sagte man *gabula*. Im Mittelalter trennte sich die hochdeutsche *gabele* von der plattdeutschen *gaffel*. Beiden aber blieb derselbe Sinngehalt: gegabelter Ast oder auch Punkt der Gabelung von zwei Schenkeln. Per Ablaut entstand daraus ein neuer Begriff, der *Giebel*.

Bis ins späte Mittelalter hätte man eine Gabel auf einem Eßtisch vergeblich gesucht. Gabeln kannte man allenfalls beim Heuwenden oder beim Mistladen. Essen tat man dagegen schlicht und einfach mit den Fingern. Erst zu Beginn der Neuzeit lag zum ersten Male eine Gabel als Besteck auf einer hochherrschaftlichen Tafel. Sie trat dort aber als Unikat auf und mußte allein für die ganze Tafelgesellschaft Dienst tun beim Vorlegen des Fleisches. Gespeist wurde nach wie vor aus der blanken Faust.

Die ganz große Sensation ereignete sich im Jahre 1425 am Hofe der französischen Majestäten. Dort legten die Lakaien erstmals Gabeln für die vornehmen Herrschaften bereit, auf daß Höchstdieselben speisen könnten, ohne sich vorund nachher die Hände zu salben. Augenzeugen berichten, daß sich die vornehme Welt damals schrecklich blamiert hat, weil man sich mit dem neumodischen Gerät denkbar ungeschickt anstellte und dieses sogar als Hilfsmittel zum Kopfkratzen zweckentfremdete.

Auf der frugalen Tafel des kleinen Mannes erschien Gavel/Gaffel/ Gabel erst nach und nach seit dem 17. Jahrhundert. Um diese Zeit gab es natürlich längst die gabelartige Spreize an den Masten der Schiffe. So also gab die Gaffel, der Gabel ihren Namen und nicht umgekehrt.

# Superfock aus Italien

Jeder kennt diese hübsche Geschichte, wonach ein maritimer Debütant seinen allerersten Segeltörn so kommentiert: *Dauernd reden sie an Bord von Genua und Warschau, gefahren aber sind sie nach Kopenhagen!*

*Wahrschau!* hat nicht das Geringste mit der polnischen Hauptstadt zu tun. Genua dagegen hat eine enge Beziehung zu der norditalienischen Hafenstadt, deren Namen sie trägt; oder genauer gesagt: zu den dort abgehaltenen Regatten.

Mit *Genua* meinen wir natürlich jene übergroße Fock, die am Wind mit dem Schothorn weit über den Großmast hinaus nach achtern reicht und so dafür sorgt, daß auch der geringste Windhauch zum Fortkommen der Crew genutzt werden kann. Die Genua ist gewissermaßen ein Produkt der Regatten, die in der Nähe der italienischen Stadt abgehalten wurden. Auf einer solchen Wettfahrt gingen zum ersten Male Schiffe mit einer solchen Superfock an den Start.

Bestimmt haben die Regatta-Vermesser auf dieses Segel, das die Fläche des Großsegels bei weitem übertraf, mit gleichermaßen erschreckten, bösen wie erstaunten Blicken reagiert. Machen konnten sie dagegen überhaupt nichts. In den Meßbestimmungen war nämlich für das Vorsegel das Dreieck maßgebend, das von den Seiten: erstens Vorstag, zweitens Mastvorderkante und drittens die dazwischen liegende Decksoberseite gebildet wird. Von Lieklängen und Segelflächen war nirgendwo die Rede. Genau das aber war die Gesetzeslücke, durch die damals einige Segler schlüpften und erstmals in Genua die Genua setzten. Beim Zuschnitt der Segel brauchte man nur die Länge des Unterlieks und entsprechend die des Achterlieks schamlos zu verlängern und schon hatte man ganz legal den Riesenlappen, ohne den sich heute kaum noch ein Sportboot an

7°
30
8°
30
9°
30
10°
30
11°
30
GENUA
Golf von Genua
COLUMBUS
KORSIKA
SARDINIEN

den Regatta-Start traut. Das vermessene Vorsegeldreieck wurde dabei nicht im geringsten verändert. Es bezieht sich eigentlich gar nicht auf ein Segel sondern auf das Rigg. Und das machte die unvermessene Vergrößerung der Segelfläche möglich.

Wir haben alle Veranlassung, den damals in Genua startenden Seglern für ihre maßlose Schlauheit dankbar zu sein; denn wer möchte wohl gern bei schlappen zwei bis drei Windstärken eine kleine Fock fahren, die nicht größer ist als das Vorsegeldreieck?

# *Glas regelt den Dienst*

Natürlich hat *Glasen* etwas mit *Glas* zu tun. Hier wird wieder einmal der Grundstoff zum Namen des Produktes. Egal, ob man den Trinkbecher, das Teleskop, die Sanduhr oder den Spiegel meint, alles wird mit Glas bezeichnet. Auch das Barometer gehört dazu.

*Glasen* aber ist der niederländische Plural. Gemeint ist damit eine Maßeinheit der Zeit. Da es etwas schwierig ist, eine gewaltige Turmuhr mit auf See zu nehmen, und da der Nürnberger Konrad Henlein die Taschenuhr noch nicht erfunden hatte, bediente man sich auf Segelschiffen einer Sanduhr, eines Stundenglases. Dieses Glas hatte eine Durchlaufzeit von exakt einer halben Stunde. Der Abschluß des Durchlaufs wurde stets durch Glockenschläge oder durch Aussingen an Bord verkündet. Und so regelte das

Glas den Wachdienst. Üblich war der Vier-Stunden-Dienst. Wenn also die Glocke achtmal geschlagen hatte, wurde die diensthabende Wache zur Freiwache befördert, immer vorausgesetzt, dem Alten oder sonst einem der oberen Drei bis Vier fiel keine zusätzliche Schikane ein. *Zwei Glasen* bedeutete also eine Stunde. Das Verbum *glasen* steht für "durch Glockenschlag die (abgelaufene) Zeit anzeigen".

In germanischen Landen war das Material Glas zunächst völlig unbekannt. Die orientalische Erfindung kam erst auf dem Umweg über die weitgereisten Römer zu unseren Altvorderen. Die Römer brachten ihnen gläserne Perlen und erklärten ihnen, daß das Glitzerzeug auf lateinisch *vitrum* genannt werde. Den Germanen muß dieses Wort nicht besonders gefallen haben. Jedenfalls nahmen sie die gläserne Pracht an, nicht aber ihren Namen. Weil ihnen aber so schnell keine andere passende Vokabel einfiel, benannten sie die künstlichen Perlen mit dem Namen eines anderen Materials, das von ihren Damen ebenfalls als Schmuck sehr geschätzt war. Noch im Althochdeutschen hieß der *Bernstein Glas*.

Originellerweise findet sich dieses Wort dann später im mittelalterlichen Latein wieder. *Glaesum* ist also ein lateinisches Lehnwort aus dem Germanischen. Es steht im Latein für *Bernstein*. Und dabei blieb es. So heißt also *Bernstein* bei den Lateinern *Glas* und bei den germanischen Völkern das *Glas Bernstein*. Übrigens auch das mittelniederdeutsche *glar* und das altenglische *glaer* bedeuten *Bernstein*.

Den Bernstein aber hatten die Germanen nach seiner Farbe benannt und nach seinem Oberflächenglanz. Aus der uralten indogermanischen Wurzel *ghel-* (gelb, schimmernd, blank) formten sie *glasa*.

# Rose, Pfote und Geflügel

Bei der Takelung einiger Boote teilt sich das Achterstag in zwei verschiedene Zweige, die jeder für sich in einer Pütting endet. So wird denn die Gesamtkraft, die auf dem Stag lastet, auf zwei Endpunkte gleichmäßig verteilt. Der Ansatz aber, wo das eine Stag sich in zwei Abteilungen teilt, nennt der Seemann *Hahnepot*. Diese Einrichtung findet sich auch zum Beispiel bei Schlepptrossen, am Treibanker und vor allem an der Gaffel des Großsegels beim Piekfall.

Im Wörterbuch der plattdeutschen Sprache findet sich außer der *Hahnepot* auch der Ausdruck *Hahnpoot* oder auch *Haanpotjen.* Diese Wörter helfen uns aber kaum weiter bei der Ergründung des ursprünglichen Sinngehalts.

Das *Haan-* (mit zwei a) dieser Verbindung hat nichts zu tun mit einem männlichen Vertreter des Federviehs, sondern eher mit *Haag, Hagen, Heeg* und *Heck, Hecke. Haanpotjen* ist nämlich das, was man in anderen deutschen Gegenden *Hagebutte* nennt, nämlich die Frucht des Haagdorns, der Heckenrose.

Unsere seemännische *Hahnepot* dagegen hat sehr wohl eine nahe Beziehung zum Mann der Eierlieferantin. Damit wäre wohl der erste Teil des Doppelwortes erklärt. Der zweite kommt vom plattdeutschen *Poot* und heißt übersetzt *Pfote, Klaue, Pranke.* Gelegentlich tritt das niederdeutsche Wort auch zur Darstellung menschlicher Finger und Zehen auf.

*Hahnepot* ist also sprachlich genau das, was sie auch auf den ersten Blick zu sein scheint: eine Hahnenpfote. Diesen seltsamen Namen hat sie sich wohl deshalb verdient, weil bei Einsatz von etwas Phantasie die drei auseinanderstrebenden Enden als Fuß eines immensen Superhahns gesehen werden können.

# Dreher des Hauptes

Jeder Segler weiß, daß *Halse* ein Wechseln der Windseite auf dem Vorwindkurs ist. Und so etwas geht dann mit dem Heck durch den Wind. Jeder Segler weiß auch, daß es zwei Arten von Halsen gibt, die beabsichtigte und die andere. Wenn man also mit voller Absicht halst, so kann das - namentlich bei Starkwind - recht viel Mühe machen. Erfolgt die Halse unfreiwillig, dann macht sie weiter keine Mühe und heißt deshalb *Patenthalse.* Bloß kann es nachher außergewöhnlich große Mühe machen, die fast immer ungewollten Folgen einer solchen Patenthalse zu beseitigen.

Das Wort kommt natürlich aus dem Platt in die Seemannssprache und hat tatsächlich etwas mit dem ähnlich klingenden Körperteil zu tun. Das indogermanische Urwort muß in grauen Vorzeiten einmal *kuel-* gelautet haben. Man meinte damit soviel wie *drehen,* sich *herumbewegen.* Also ist der Hals ein Dreher, ein Herumbeweger des Kopfes.

Die Lateiner machten aus dem Urwort ihr *collus,* das ebenfalls *Hals* bedeutet. Davon abgeleitet sind so wichtige Wörter wie *Kollier* und das französische *col* für Kragen. Auch die alten Griechen bemächtigten sich des indogermanischen *kuel-* und bogen sich daraus für ihre Zungen ein *pellein* zurecht. Die Bedeutung *bewegen* änderte sich nur wenig. Wir verdanken diesem griechischen Verb unserern *Propeller.* Und dann hatten die Griechen aus derselben Wurzel noch *polos* (Achse), um die sich etwas dreht. Auch aus diesem Griechenwort haben wir etwa gemacht: den *Pol.*

*Hals* ist bekanntlich auch die vordere untere Ecke des Segels, jener Pol, um den sich das gesamte Tuch drehen kann. Und das tut es schließlich auch bei der Halse, die auch ihrerseits nichts anderes ist als eine mehr oder weniger perfekte Drehung.

# Seemann im Käfig

Trotz des fast gleichlautenden Wortes ist es kaum zu glauben, daß ein *Schiffsheck* etwas mit einer *Hecke* zu tun haben könnte. Und doch ist das so, wenigstens sprachlich. Auf dem Hinterteil des Schiffes hatte von alters her der Steuermann seinen Platz. Auf dem meist hochgezogenen Ende stand er dann mit seinem Ruder auf der Steuerbordseite. Dort überragte er alles andere, ausgenommen Mast und Segel. Und so war er denn auch das bevorzugte Angriffsziel aller überkommenden Sturzseen. Es konnte so nicht ausbleiben, daß es gerade immer der Mann am Roor war, der mit eben demselben baden ging.

Die Crews der Schiffe fanden es auf die Dauer recht lästig, daß sie sich immer wieder gezwungen sahen, einen neuen Mann ans Ruder abzustellen. Fast noch peinlicher war es, daß der Rudergänger nur selten solo über Bord ging, meistens nahm er auch noch das Ruder mit. Und das passierte immer in einer Situation, wo man beider doch so nötig bedurft hätte.

Die Schiffsbau-Ingenieure der alten Germanen überlegten lange, wie sie die geschilderten unangenehmen Begleiterscheinungen der damaligen Seefahrt in den Griff bekommen könnten. Dann erfanden sie das Heck und bauten es am Platz des Steuermanns, also ganz hinten, in die Schiffe ein. Es bestand aus einem soliden Gitter, in das man durch eine verschließbare Öffnung ein- und im Bedarfsfall auch wieder austreten konnte. Der Rudergänger konnte sich bei rauher See fortan hervorragend die Rippen brechen, über Bord zu gehen braucht er nur noch sehr viel seltener.

Auf gut niederdeutsch heißt *Heck* noch heute *Gattertür* oder auch *Koppel*. Man verwendet das Wort aber auch für Einfriedungen aller Art. Eine Hecke konnte also durchaus auch aus einem lebenden Strauchgewächs bestehen. Im Niederländischen gibt es den Ausdruck *hek*. Er steht für Gitter-(tür). Die alten Engländer sagten *haecc*, wenn sie ein Gatter meinten. Von da gibt es die Verbindung zum *Hag* und zum *Gehege* und zum *Hof*. Sogar die *Hexe* ist mit dem *Heck* sprachverwandt. Ursprünglich glaubte man, weibliche Wesen dieser Gattung auf Hecken sitzen zu sehen.

# *Heuer und Hure sind zweierlei*

Wo der Ausdruck *Heuer* letztlich herkommt, ist noch unklar. Immerhin kann das gleichbedeutende englische *to hire* seine liguistische Ahnentafel schon bis zum angelsächsischen *hyr* und zum altfriesischen *hure* zurückverfolgen. Und da liegt auch der Ursprung für das mittelhochdeutsche *huren* (mieten, auf einem Mietpferd reiten, in einem Mietwagen fahren).

Im heutigen Platt heißt das *hüren* oder *hüern.* Von da führt der direkte Weg zum *heuern.* Die Niederländer sagen *huren* und meinen damit *gegen Entgeld sich den Gebrauch oder Genuß einer Sache verschaffen* oder *eine Person gegen geldliche Vergütung in Dienst nehmen.* Auch das etwas veraltete deutsche Wort *Hauderer* für (gemieteter) Fuhrmann gehört in diese Wortfamilie.

Seit dem 16. Jahrhundert ist das *heuern* im Hochdeutschen langsam aber sicher aus der Mode gekommen. Im Platt und in der Seemannssprache lebt es fort. Zunächst war die Bedeutung *ein Schiff mieten.* Dieser Ausdruck geht allerdings jetzt auch langsam verloren. Es wird durch neudeutsch *chartern* ersetzt. *Heuern* gibt es fast nur noch im Sinne von Mannschaft anwerben.

Aus dem mittelniederdeutschen *hure* (Miete) entstand *Heuer* für Anmusterungsvertrag und Löhnung. Fast schon untergegangen ist das hochdeutsche *Heuerling* und das niederdeutsche *Hurlink* für *Mietling, Gutstagelöhner.*

Trotz der unvermeidlichen Assoziationen, die durch mittelhochdeutsch *huren* (auf einem Mietpferd reiten) hervorgerufen werden: die *Hure* (als Gunstgewerblerin) stammt - mindestens sprachlich - aus einem anderen Elternhaus als die *Heuer.* Und das, obwohl in der Realität zwischen Hure und Heuer durchaus Relationen bestehen mögen.

Das leichte Mädchen, das spielend auch mit schwerster Heuer fertig wird, verdankt den Titel *Hure* dem wohlklingenden althochdeutschen *huora,* das dann mittelhochdeutsch zu *huore* wurde. In den Niederlanden sagt man *hoer,* in England whor und in Schweden *hora.* Was aber keineswegs *Stunde* heißen soll. So lange haben diese Damen kaum für einen Kunden Zeit.

Alle diese Wörter haben mit dem germanischen Wort huor (Ehebruch) zu tun. Das entsprechende Verb hieß *huoron* (außerehelichen Beischlaf treiben). Die Existenz dieser Wörter läßt den betrüblichen Schluß zu, daß das älteste Gewerbe der Welt auch bei unseren germanischen Altvorderen eine Heimstatt hatte.

# *Leiter für Engel*

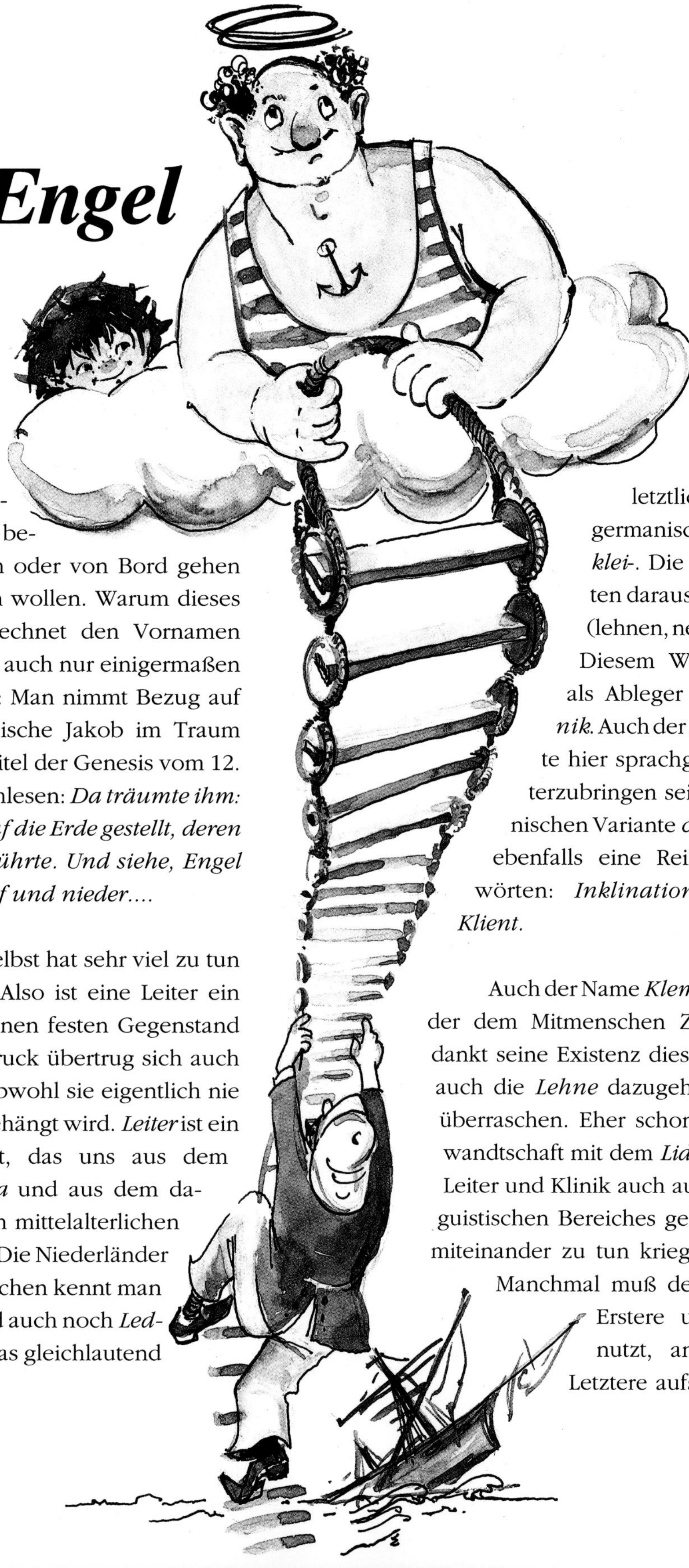

*Jakobsleiter* ist eine Strickleiter mit Stufen, die von Seeleuten benutzt wird, wenn sie an oder von Bord gehen oder in den Mast entern wollen. Warum dieses nützliche Gerät ausgerechnet den Vornamen *Jakob* trägt, ist für jeden auch nur einigermaßen Bibelfesten keine Frage: Man nimmt Bezug auf die Leiter, die der biblische Jakob im Traum gesehen hat. Im 28. Kapitel der Genesis vom 12. Vers an kann man es nachlesen: *Da träumte ihm: Siehe, eine Leiter war auf die Erde gestellt, deren Spitze den Himmel berührte. Und siehe, Engel Gottes stiegen daran auf und nieder....*

Das Wort *Leiter* selbst hat sehr viel zu tun mit dem Verb *lehnen.* Also ist eine Leiter ein Steiggerät, das gegen einen festen Gegenstand gelehnt wird. Der Ausdruck übertrug sich auch auf die Leiter zur See, obwohl sie eigentlich nie gelehnt, sondern stets gehängt wird. *Leiter* ist ein westgermanisches Wort, das uns aus dem althochdeutschen *leitera* und aus dem daraus direkt entstandenen mittelalterlichen *leitere* zugewachsen ist. Die Niederländer sagen *leer.* Im Plattdeutschen kennt man denselben Ausdruck und auch noch *Ledder.* Auf englisch heißt das gleichlautend *ladder.*

*Lehnen* kommt letztlich von der indogermanischen Wortwurzel *klei-*. Die Griechen machten daraus ihr Verb *klinein* (lehnen, neigen, anlehnen). Diesem Wort entstammen als Ableger *Klima* und *Klinik.* Auch der *Klinometer* dürfte hier sprachgeschichtlich unterzubringen sein. Aus der lateinischen Variante *clinare* haben wir ebenfalls eine Reihe von Fremdwörten: *Inklination, Deklination, Klient.*

Auch der Name *Klemens* (der Gütige, der dem Mitmenschen Zugeneigte) verdankt seine Existenz dieser Wurzel. Daß auch die *Lehne* dazugehört, kann kaum überraschen. Eher schon die Sprachverwandtschaft mit dem *Lid* des Auges. Daß Leiter und Klinik auch außerhalb des linguistischen Bereiches gelegentlich etwas miteinander zu tun kriegen, ist bekannt. Manchmal muß derjenige, der die Erstere unvorsichtig benutzt, anschließend die Letztere aufsuchen.

# *Mauer am Ufer*

*Kai* heißt das aufgemauerte Ufer, vor dem genügend tiefes Wasser steht, daß Schiffe dort festmachen können. Das Wort kam als *kaai* aus dem Niederländischen in die Plattdeutsche Sprache, wo es heute *Kaje* oder *Kai* heißt. Die Niederländer sind aber keineswegs Schöpfer des Begriffes. Der war schon bei den alten Kelten im Schwange.

Die Kymren, das sind die keltischen Bewohner von Wales, die sich auf kymrisch (walisisch, Welsch) unterhalten, sagen *cae* und meinen damit ein Gehege. Im Bretonischen heißt *kae* Zaun oder auch Dornenhecke. Auch in der Gallischen Sprache hatte *caio* etwas mit einem fest umschlossenen Raum zu tun. Das Wort wäre mit *Ummauerung* einigermaßen treffend übersetzt. Das deutsche *Hag (Hecke, Heck)* ist ein entfernter Verwandter.

Die Franzosen bedienten sich bei ihren gallischen Ahnen und formten ihr Wort für sie zungenfreundlich zu *quai* um. Heute heißt das außer Kai auch noch *Flußdamm* und *Bahnsteig*. *Flaner lelong des quais* in Paris ist ein recht beliebter Zeitvertreib: flanieren entlang den Kais (der Seine).

Bei einem solchen Spaziergang kommt man vorbei am *Quai des Orfèvres* (Kai der Goldschmiede). Heute findet man da allerdings weniger Geschmeide als Polizisten. Die haben nämlich hier ihre Zentrale. Von da ist es nicht allzu weit zum *Quai d'Orsay*, wo man heute französische Außenpolitik herstellt.

Vom französischen *quai* haben die Engländer *quay* ebenfalls mit der Bedeutung eines befestigten Landeplatzes für Schiffe.

Ob vom niederländischen Kaai etwa das Verb *kaaien* für *mausen, stibitzen, mopsen* und dergleichen abgeleitet wurde, muß erst noch intensiv geprüft werden. Vielleicht wäre das eine Aufgabe für die Herren vom Quai des Orfèvres.

# *Ein Prachtexemplar*

Jeder, der ihn schon einmal erlebt hat, wird seinen Anblick sein ganzes Leben lang im Gedächtnis behalten. Schaurig schön und umwerfend gewaltig ist er, der *Kaventsmann.* Besonders wenn er über das Heck ins Cockpit einer Yacht einsteigt, darf man die Vokabel *umwerfend* ganz wörtlich nehmen. Eine Riesenwelle, ein wahres Prachtexemplar mit einer gewaltigen Zerstörungskraft ist also das, was der Seemann respektvoll *Kaventsmann* nennt.

Der Ausdruck steht aber auch nicht selten für ganz andere Prachtexemplare mit abnormen Dimensionen. So darf denn durchaus auch ein Mister Bodybuilding darauf hoffen, des Prädikates *Kaventsmann* teilhaftig zu werden. Schon der bloße Klang des Wortes kann einen das Fürchten lehren. Und es erfüllt uns gewiß mit ziemlicher Neugier, zu erfahren, welcher sprachlichen Wurzel wir diesen hehren Titel zu verdanken haben. Zunächst aber wird man staunen, wie freundlich es in der Kinderstube des allgewaltigen Wortes zugeht: Am Anfang nämlich steht das lateinische Wort *cavere,* das im alten Rom jeder ständig vor Augen hatte, wenn er zu anderen Leuten auf Besuch ging. Ein Römer von Rang und Stand, der auch nur ein bißchen auf sich hielt, besaß (auch damals schon) ein Landhaus (lateinisch villa). Und wer eine Villa besaß, der hatte auch einen Hund. Deshalb machte er in menschenfreundlicher Absicht seine Besucher auf diese Tatsache aufmerksam. Auf einem kunstvoll gestalteten Schild warnte er also *cave canem!* (Hüte Dich vor dem Hunde!).

Das Verb *cavere* heißt also so viel wie *sich hüten, sicherstellen, gewährleisten.* Abgeleitet von diesem Verb ist auch ein Wort, das in die deutsche Sprache gefunden hat (vor allem in die Niederdeutsche): *Kavent.* Gemeint ist damit einmal ein Bürge, dann aber auch ein Mensch, dem man in jeder Beziehung etwas zutrauen darf.

Aus dieser Tradition gewachsen hat der Kaventsmann heute die Bedeutung von erstens: beleibter und begüterter Mann und zweitens meint man damit auch und vor allem einen besonders hohen Wellenberg. Deshalb schließlich hier die wohlgemeinte Mahnung an den Skipper: cave Kaventsmann!

# Häuptling zur See

Am Anfang stand das lateinische Wort *caput* (Kopf, Haupt). Daraus machten die Franzosen ihr Wort *Chef*. Damit war erst einmal ein militärischer Befehlshaber gemeint. Erst viel später, nachdem das Wort in so ziemlich alle europäischen Sprachen exportiert war, wurde es auch für andere Führungspersonen gebraucht.

Im Mittelalter besann man sich erneut des lateinischen *caput*. Daraus machte man den *capitaneus*, ein Wort das in ziemlich wörtlicher Übersetzung als *Hauptmann* seinen Einzug ins deutsche Militärwesen hielt.

Der *Kapitän* kam zu uns auf dem Umweg über die romanischen Sprachen. Schon im 13. Jahrhundert sagte man in Italien *capitano* und in Frankreich *capitain*. In deutschen Landen hielt der nur zögernd seinen Einzug, brachte dann aber auch gleich seinen nächsten Sprachverwandten mit: *Kapital, Kapitell, Kapitel*.

So handlich der Ausdruck *Kapitän* auch sein mag, er geriet schon bald nach seiner ersten Einführung wieder in Vergessenheit. Erst im 16. Jahrhundert importierte man ihn neu. Und wieder war das Vorbild der italienische *capitano*. Die Engländer haben heute *captain*, die Franzosen blieben bei *capitain*, die Schweden sagen *kapten*, die Dänen kaptjan und die Niederländer *kapitein*.

Überall in Europa treten Kapitäne auch als Anführer bei den Landstreitkräften auf. In Deutschland aber blieb der Titel nur den Befehlshabern auf Schiffen vorbehalten. Ein besonders enges Verhältnis zur Seefahrt hat natürlich die plattdeutsche Sprache. Und da gibt es dann sogar noch Abstufungen. So ist also der *Käppen* oder *Käpten* der Skipper eines kleineren Schiffes. Auf wirklich großen Dampfern da regelt die Sache der Herr *Kaptein*. Wenigstens in der Großschiffahrt hat er den guten alten *Skipper* nahezu völlig verdrängt. Den gibt es heute nur noch auf ganz kleinen Schiffen. Und dazu gehören auch die Sportboote. Der Skipper überlebt dort einmal wegen der liebevoll gepflegten Tradition aber sicher auch deswegen, weil der Titel *Kapitän* für den Gewaltigen einer Segelyacht wohl doch als etwas anmaßend empfunden wird.

# Schwein als Navigator

Eigentlich ist *Kiel* nur der unterste Längsbalken des Bootes. An ihm sorgen dann als Rippen die Spanten für die Stabilität der ganzen Konstruktion. Heute sagt man oft *Kiel*, wenn man eigentlich *Lateralplan* sagen sollte.

Im Plattdeutschen heißt *Kiel* zunächst *Keil* oder sogar *keilförmiger* Einschnitt. Dann gibt es noch den *Dunnerkiel*, der immer dann beschworen wird, wenn etwas Ungewöhnliches passiert. Erinnert wird dabei an jenen Keil, der vom germanischen Gott des Donners namens Donar benutzt wurde. So merkwürdig es klingt: der *Keil* lockt uns auf die falsche Fährte, wenn es gilt, die Herkunft von *Kiel* zu erforschen. Wir sollten dabei eher an die *Kehle* denken. Dieses Wort heißt im Niederländischen auch *kiel*. Das Mittelniederdeutsche hatte noch kil und *kel*. Das schwedische *köl* ist ein weiterer Vertreter dieser Sippe. Der Vorfahre aber ist das indogermanische *gel-*, was etwa *verschlingen* bedeutet. Das Lateinische machte daraus *gula* (Schlund), und von dem wiederum wird der *Gully* abstammen. *Kiel* ist also in der Grundbedeutung *Hals*. Und in halsförmig gebogener Gestalt lief schließlich bei den Booten der Germanen vorn und achtern der Kielbalken aus. So kam auch das altenglische *cele* (Schiffsschnabel) ins Wörterbuch.

Und dann gibt es noch eine Querverstärkung auf dem Kielbalken, *Kielschwein* mit Namen. Es gibt viele lustige Erklärungen dafür, wie der Kiel zu seinem Schwein gekommen sein könnte. Unfreundliche Skipper verleihen diesen Titel gern an jene Mitfahrer, die mangels seemännischer oder gastronomischer Qualifikation keine wichtigen Aufgaben an Bord übernehmen können.

Fest steht das ehrwürdige Alter des Ausdrucks *Kielschwein*. Forscher meinen, daß im Kielraum früher tatsächlich Schweine gehalten wurde. Die Borstentiere sollen übrigens bei den Seeleuten der Phönizier eine Doppelfunktion

gehabt haben: Einmal als Lieferanten für Frischfleisch, zum anderen aber sollten sie im Falle äußerster Seenot den lebensrettenden Posten des Navigators übernehmen. Man war überzeugt davon, daß Schweine einen sechsten Sinn entwickeln, wenn es auf See den kürzestens Weg zum Land zu finden gilt. Wenn also das Schiff zu sinken drohte, warf man die Schweine ins Wasser und paßte auf, in welche Richtung sic losschwammen. Dann brauchte man nur noch nachzuschwimmen und war gerettet.

Ob das nun so stimmt mit dem sechsten Schweinesinn, müßten Psychobiologen einmal nachprüfen. Sollte das zu positiven Ergebnissen führen, müßte man Trans-Ocean-Seglern außer elektronischem Gerät dringend auch ein Navigator-Schwein empfehlen.

# Gemordetes Kleinkind

An Erklärungsversuchen für den *Klabautermann* fehlt es nicht. Fest steht nur, daß es die Niederländer waren, die dem sympathischen Schiffskobold seinen Namen gaben. Möglicherweise hat dabei ihr Wort *klabastern* (poltern, klappern, lärmen, klettern) eine Rolle gespielt. So wäre der Klabautermann also ein *Klabastermann.*

Eine andere Deutung weist auf eine höchst wichtige Funktion des Schiffsgeistes hin: Mit dem Hammer des Schiffszimmermanns klopft er in schöner Regelmäßigkeit gegen den Schiffsrumpf, um daran zu erinnern, daß es höchste Zeit wird, mit dem Kalfatern zu beginnen. Also wäre er ursprünglich ein *Kalfatersmann.*

Es kann aber auch ganz anders sein. Höher noch ist der Wahrscheinlichkeitsgrad für die Entstehung des Klabautermanns aus dem Namen des altgermanischen Hausgeistes *kabout, kabolt* oder *kobolt.* Wenn man das in die Koseform überträgt, entsteht daraus ein *Kobolterken.*

Eines ist sicher: Klabautermann und Kobolt haben eine ganze Menge gemeinsam. Im Hause treibt der Kobolt sein angenehmes Wesen. Er hilft bei der Haus- und Stallarbeit. Wenn die Magd den Kobolt zum Gehilfen hat, geht ihr die Arbeit besonders flink von der Hand. Als Lohn für seine Dienste will der Kobolt nicht mehr als gelegentlich ein Schälchen Milch an bestimmter Stelle im Keller. Auch in anderer Hinsicht erweist sich der Kobolt als nützlich. Wenn der Hausherr einmal verreisen muß, vertreibt der Hausgeist zuverlässig alle Liebhaber der gnädigen Frau.

Was der Kobolt im Hause ist, das ist der Klabautermann für das Schiff: Schutzgeist und Helfer. Sichtbar wird er allerdings nur im äußersten Notfall, wenn dem Schiff der Untergang droht.

Kobolt und Klabautermann sind enge Verwandte. Beide treten stets in Kleidung und Gestalt kleiner Kinder auf. Oft sind sie grausam verstümmelt oder sie tragen noch das Messer im Rücken, mit dem sie umgebracht worden sind. Das ist auch kein Wunder; bei diesen Geistern handelt es sich nämlich laut Germanen-Mythologie um die Seelen ermordeter Kinder. Wie aber kommt so ein Klabautermann auf's Schiff? Ganz einfach: Die Seele des toten Kindes fuhr vor langer Zeit in einen Baumstamm. Wird der Baum gefällt und das Holz zum Schiffsbau verwendet, dann wird der Klabautermann gleich mit ins Schiff eingebaut.

# *Klüver auf der Nase*

Im Plattdeutschen gibt es *Klüver* als Bezeichnung für das Segel vor der Fock. Aber nicht nur dieses Dreieckssegel hört auf diesen Namen. In Schleswig-Holstein versteht man darunter auch noch den Springstock, den man beim Boßel-Spiel zum Überqueren von Gräben braucht. Außerdem gibt es noch den Klüver, den man gewöhnlich auf der Nase trägt. Im witzigen Umgangston vergleichen die Plattdeutschen gelegentlich den Nasenklemmer oder die Brille mit dem Tuch, das auch beim Schiff am vorgebauten Klüverbaum gefahren wird.

Seit dem 18. Jahrhundert gibt es den *Klüver* in der niederdeutschen Sprache. Seine sprachliche Heimat sind aber die Niederlande. Dort sagt man zunächst *kluver*. Inzwischen aber hat sich auch dort der *kluiver* eingebürgert. Will man nun erforschen, wie die Holländer auf diesen Namen gekommen sind, stößt man sehr bald auf *kluif* (Klaue).

Für dieses Wort spricht die Tatsache, daß auch der Leitring, an dem das Segel gefahren wird, eine *Klaue* ist. In den Niederlanden hat das Wort aber noch eine weitergehende Bedeutung, die deutlich wird, wenn von einem schmackhaften Eintopfgericht die Rede ist: *Erwtensoep met Kluif* (Erbsensuppe mit Eisbein). Wie von daher die Verbindung zum Segel hergestellt werden kann, darf sich jeder selbst zusammenphantasieren.

Gute Gründe gibt es aber auch dafür, daß das Verb *kluiven* der Namensgeber ist. Es ist nahe verwandt mit unserem *Keil*, was auf die Form des Tuches hinweisen könnte. *Kluiven* heißt *klauben*, aber auch *knabbern, nagen, essen*. Ein *Kluiver* ist also entweder ein Segel oder ein Esser.

Dieses Wort aber hat eine lange und vornehme Ahnenreihe. Im Mittelalter sagte man in deutschen Landen *klieben*, was aus dem germanischen *chliuban* entstanden ist. Es bedeutet wie das englische *to cleave* und das schwedische *klyva spalten*. Die indogermanische Urform muß etwa *gleugh* (hauen) gewesen sein.

Daraus ist dann eine Menge von Wörtern entstanden, wie das lateinische *glubere* (schälen) und das griechische *glyphein* (ausmeißeln). Deshalb ist *Glypte* eine Skulptur, die man mit vielen anderen in einer *Glyptothek* versammelt hat. Die *Hieroglyphe* ist eine Verbindung mit *hieros* (heilig). Die heiligen Schriftzeichen der Ägypter nannte man auf gut griechisch *hieroglyphika grammata*. Heilig deshalb, weil sie von Priestern in heilige Denkmäler gemeißelt wurden.

# Bloß nicht den Kompaß verlieren!

Der Kompaß ist eine Erfindung des italienischen Signore Flavia Gioja aus der alten Seefahrerstadt Amalfi im Süden Italiens. Das weiß schließlich jeder, der einen Kompaß kennt. Und dennoch ist dieses Wissen falsch.

Schon vor Christi Geburt besaßen die Chinesen ein hübsches Spielzeug: Eine drehbare magnetisierte Nadel stellte sich stets auf die Nord-Süd-Richtung ein. Mit Navigation aber hatte das für die Chinesen jener Tage nichts zu tun. Für sie war das nur eine wissenschaftliche Spielerei. So waren die Herren mit den langen Zöpfen ein paar hundert Jahre später dann über alle Maßen erstaunt, als sie auf den Handelsschiffen ihrer arabischen Geschäftsfreunde Magnetnadeln als Hilfe bei der Navigation entdeckten.

Ein Europäer entdeckte das interessante Gerät zur Zeit der Kreuzzüge, die das Abendland sehr viel reicher gemacht haben, allerdings weniger an Macht und Land, sondern eher an Wissen und Können. Ihre arabischen Gegner besaßen damals bereits eine Hochkultur, als die Europäer noch in unzivilisierten Entwicklungsländern lebten. Von den Arabern also brachte der Kreuzritter Petrus von Maricourt das Wissen um die Funktion der Magnetnadel mit nach Frankreich. 1269 setzte er mit seiner Schrift *Epistula de magnete* das Abendland in Erstaunen. Erst fünfzig Jahre später (um 1320) "erfand" der Mann aus Süditalien den Kompaß. Amalfi trieb damals wie Venedig lebhaften Handel mit den vom Kamel auf das Schiff umgestiegenen Wüstensöhnen. Flavia Gioja aber war einer derjenigen, die am weitesten in arabischen Landen herumgekommen waren. Immerhin bleibt den Italienern der Ruhm, das Ding beim Namen genannt zu haben. Im 15. Jahrhundert erstand er aus *compasso* (Zirkel). Sprachlicher Ahnherr dürfte das vulgärlateinische *compassare* (ringsum abschreiten) sein. Und so etwas tut ja auch die Kompaßrose, wenn man nur entsprechend Ruder legt.

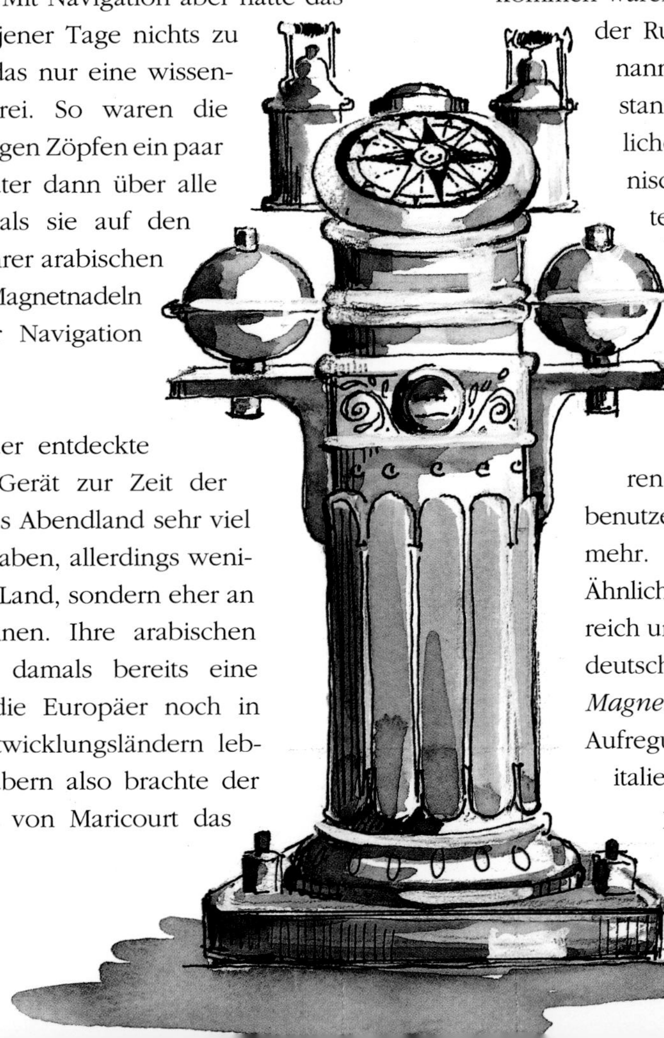

Die Italiener begnügten sich allerdings damit, den Namen *Kompaß* an die anderen Europäer weiterzureichen. Selbst benutzen sie heute längst keinen *compasso* mehr. Für sie heißt das jetzt *bussola.* Ähnliche Ausdrücke werden auch in Frankreich und Spanien verwandt. Auch in der deutschen Sprache gibt es *Bussole* für *Magnetnadel.* Unsere Redensart: vor Aufregung seinen Kopf verlieren, heißt italienisch *perdere la bussola* (den Kompaß verlieren).

# *Speise eines Trottels*

Das schönste an dem maritimen Eintopfgericht namens *Labskaus* ist eigentlich die Tatsache, daß keiner so ganz genau weiß, aus welchen Zutaten es angerichtet wird. So bleibt viel Raum für kreative Phantasie. Und davon wird Gebrauch gemacht, immer wenn Labskaus auf dem Küchenfahrplan steht.

In fünf Kochbüchern fanden wir nicht weniger als sieben grundverschiedene Rezepte und obendrein auch noch Variationen über alle sieben. Einig scheint man sich nur darüber zu sein, daß *Labskaus* auf der ersten Silbe betont werden muß. Als Zutaten nennt man in Seemanns-Kochfibeln vor allem scharfe Gewürze. Erst dann folgen gehacktes Fleisch, Fisch und Kartoffeln. In anderen Rezepten werden auch verschiedene Fette und Rote Beete aufgelistet.

So unklar wie das Original-Rezept dieser in nordischen Gewässern heiß geliebten Schlecht-Wetter-Speise ist auch die Herkunft ihres Namens. Man findet ihn auch im Norwegischen als *lapskaus.* Wer aber deshalb glaubt, den Ursprung irgendwo in Skandinavien suchen zu sollen, findet schnell heraus, daß er auf eine falsche Fährte gelockt wurde. Die Norweger haben das Gericht mitsamt seinem rätselhaften Namen bei den Plattdeutschen abgeguckt.

Aber auch die sind keineswegs die ruhmreichen Erfinder der schiffigsten aller Smutje-Kreationen. Erst im Jahre 1818 war Labskaus auf den Seglern deutscher Flagge so weit eingeführt, daß Bermpohl in seinem Seemannswörterbuch den Ausdruck zum ersten Male veröffentlichte und zwar mit der Erläuterung "Brei aus Salzfleisch und Kartoffeln". Woher das Wort stammt, das wußte auch Herr Bermpohl nicht zu sagen.

Heute steht wohl einigermaßen fest, daß die abenteuerliche Speise von einem britischen Smut erfunden worden ist. Den seltsamen Namen gaben ihr dann die Matrosen, als sie zum ersten Male davon gekostet hatten: *lobscourse.* Dieses Wort, so glaubt man, ist eine Zusammensetzung aus *lob* und *course. Course* stammt aus dem Französischen und steht hier für Gang, Gericht, Speise. *To lob* heißt *schwerfällig gehen, staksen.* Als Substantiv bedeutet *lob Tölpel, Trottel, Dummkopf. Lob's course* wäre dann mit *Speise eines Trottels* zu übersetzen. Das sagt wohl etwas aus über die kulinarische Qualität jenes Ur-Labskaus britischer Provenienz.

Man mag darüber streiten, ob mit dieser Darstellung die Geschichte des Namens *Labskaus* ein für alle Mal geklärt ist. Dennoch wird empfohlen, sie hinzunehmen. Eine bessere gibt es nicht. Und dunkel wie die Herkunft des Namens ist schließlich auch das Rezept. Nur der Smut und vielleicht noch der liebe Gott können sagen, was darin an Resten ehemaliger Mahlzeiten so alles wieder aufgemöbelt wurde. Aber beide schweigen beharrlich.

Mit Geschmacksverstärkern in Form von salzigen Heringen, Stockfischen und viel Gewürz wird da manches weniger Appetitliche wieder genießbar gemacht. Rote Beete dienen nicht selten dazu, auch dem fiesen Einheitsgrau wieder eine freundlicherer Note zu geben.

# Lecken ist nicht lecken

Ein *Leck* gehört nicht gerade zu den Dingen, die man sich auf See herbeiwünscht. Mit einer undichten Stelle im Rumpf oder gar einem ausgewachsenen Loch hört nun wirklich jede Gemütlichkeit auf. Manchmal sogar endgültig. Aber nicht nur das Schiff kann ein Leck haben. Auch ein Behälter kann davon betroffen sein. Auch das kann ganz schön problematisch werden.

Man mag es glauben oder nicht: Das *Leck* und das hochdeutsche *lecken* haben sprachgeschichtlich nichts miteinander zu tun. Das plattdeutsche *leck* entsproß der indogermanischen Urwurzel *leg-* (tröpfeln, sickern) und das hochdeutsche Verb stammt vom Urwort *leigh-* (schlekken, lecken, auflecken). Für diesen Sinngehalt hat das Plattdeutsche *licken*, was in der niederländischen Fassung nur ein winziges bißchen anders geschrieben wird: *likken.* Auf englisch heißt das to *lick.*

Nun gibt es im Platt zum *Leck* auch ein Verb. Es heißt *lecken* und somit lautet es ganz so wie das hochdeutsche Verb, mit dem es aber vom Wortsinn her nichts zu tun hat. Das plattdeutsche bedeutet nämlich *tröpfeln, undicht sein.* Wie im Plattdeutschen, so ist es auch im Niederländischen mit den Wörtern *lek* und *lekken.* Aus dem uralten *leg-* wurde zunächst einmal das altenglische *lec* (undicht, rissig). Altnordisch sagte man *lekr.* Die Althochdeutsche Fassung *lech* geht in der Bedeutung noch etwas weiter. Es beschreibt gewissermaßen den Endzustand, der erreicht ist, wenn das per Leck auslaufende Faß auch nicht einen Tropfen mehr hergibt.

So entstand, befrachtet mit neuer Bedeutung, das mittelhochdeutsche *lechen* (dürsten), das sich bis heute in *lechzen* weiterentwickelt hat. Gemeint ist damit *austrocknen, brennenden Durst verspüren, Risse bekommen.* Das Wort *Riß* weist uns den Weg der sprachlichen Entwicklung von der undichten Stelle bis zum lechzen. Andere Bedeutungsinhalte hat sich auch das altirische *legain* zugelegt. Neben *Wasser durchlassen* kann das bis zum *sich auflösen* und *schmelzen* gehen.

Das plattdeutsche Leck hat den ursprünglichen Sinn ziemlich unverändert bewahrt. Es bedeutet immer noch *undichte Stelle, Dachtraufe, Tropfenfall.* Was die plattdeutsche Redensart *ünner de Leck*stellen meint, das sollte man besser nicht mit seinem Kööm tun: mit Wasser verdünnen.

# Das Log ist ein Klotz

Das Wort für den Fahrt-Messer und den Meilenzähler an Bord verdanken wir der englischen Sprache. *Log* ist ein Klotz und *logging* heißt *Holz fällen* und *sägen.* Und nichts anderes als ein Klotz war das Log ursprünglich. In unserer Sprache hat sich dafür das tautologische *Logscheit* eingebürgert.

Dieser Klotz oder dieses Scheit wurde zum Messen der Fahrt über das Heck des Schiffes ins Wasser geworfen. Dank der an Bord befestigten Leine blieb es dort einigermaßen aufrecht stehen und zog von einer Trommel immer mehr Leine ab. Alle 7,2 Meter hatte man einen Knoten in die Leine gemacht. Zum Loggen gehörte eine Sanduhr mit einem Durchlauf von exakt 14 Sekunden. Man brauchte nur die ablaufenden Knoten zu zählen, die innerhalb eines Sanddurchlaufs von 14 Sekunden von der Trommel abliefen. Dann wußte man, wieviele Seemeilen pro Stunde die Fahrt ausmachte.

Zugrunde liegt dabei die folgende Rechnung: Eine Seemeile ist 1852 Meter oder eine Meridianminute. In einer Minute wären das etwa 30,87 Meter oder eine Meridiansekunde. In einer Sekunde sind das 0,5145 Meter oder eine Meridiantertie. Zählt man nun in 14 Sekunden einen Knoten, dann muß diese Strecke der Leine 14 Meridiantertien lang sein. Und das ergibt 14 mal 0,5145 Meter etwa 7,2 Meter.

# Der Mann fürs Geleit

Was wäre die Schiffahrt ohne den Lotsen, ohne den Mann, der ortsunkundige Skipper sicher um alle Hindernisse in den Hafen bringt? Dennoch: *lotsen* als Verb steht in der plattdeutschen Umgangssprache oft auch, wenn man die Tätigkeit eines Verführers beschreiben will: *durch Überreden verlocken*.

In Norddeutschland und in den Niederlanden heißt der Mann fürs sichere Geleit *Loots* oder auch *Loods*. Dieses Wort ist eine handliche Abkürzung von *Lootsmann*. Und dieser Ausdruck war es, der aus dem Niederländischen seinen Weg ins Plattdeutsche fand. Die Holländer aber hatten sich ihrerseits auf den britischen Inseln bedient. Dort nannte man *loadsman* einen *Geleitsmann* oder auch einen Steuermann.

In England gibt es ein inzwischen veraltetes Wort *load*, mit dem man früher *Straße, Weg* meinte. Es handelt sich hier um ein altehrwürdiges Wort aus der Sprache der Angelsachsen. Bei denen hieß das noch *lad*. Wir werden uns kaum wundern zu hören, daß in diese Wortfamilie auch das althochdeutsche *leita* paßt, das wir heute als *leiten* weiterverwenden. Im englischen Wörterbuch trifft man *load* heute kaum noch unter seiner ursprünglichen Bedeutung an. An seiner Stelle hat sich heute ein anderes *load* breitgemacht. Es steht für *laden, Ladung,* ganz gleich, ob etwas *geladen* (Waffe) oder *beladen* (Fahrzeug,

Lasttier) werden soll. Folgerichtig ist dann auch *load displacement* etwa mit *Wasserverdrängung eines beladenen Schiffes* zu übersetzen.

Das alte, das angelsächsische *load* hat nur in Wortzusammensetzungen überlebt. So zum Beispiel beim *loadstar*, dem Polarstern (Leitstern). Dieser Ausdruck wird auch in übertragenem Sinne für einen Menschen benutzt, auf den andere ihre Aufmerksamkeit und ihre Hoffnungen setzen. Mit *loadstone, lodestone* meint man magnetisches Eisenoxyd. Das geschieht wohl in Anbetracht der wegweisenden Eigenschaften von Magneten in der Seefahrt. Im übertragenen Sinn aber kann ein lodestone auch etwas sein, das in besonderem Maße anziehend wirkt. Auch wir nennen so etwas *Magnet*. Veraltet ist im Englischen heute auch der Ausdruck lodeman (Führer, Wegweiser). Als *Lotse, Loots, Loods* tut er nur noch in Deutschland und in den Niederlanden seinen Dienst. Englisch heißt der wegekundige Seemann heute *Pilot*.

# Eine lockere Verbindung

Zwischen dem Mast und dem Baum lagert ein Lümmel. Die lockere Verbindung zwischen den beiden Spieren nämlich heißt *Lümmellager*. Nun hat aber dieser *Lümmel* tatsächlich recht wenig zu tun mit jenem lockeren Vogel, der sich durch seine ungeordnete Lebensart diesen Titel als Prädikat verdient hat. Das Schlüsselwort für die Enträtselung des nautischen *Lümmel* heißt ganz einfach *locker*.

Sehr selten noch hört man heutzutage das inzwischen reichlich veraltete Adjektiv *lumm*. Heute sagen wir dazu *schlaff, lose, locker*. Das nostalgische *lumm* hat seinen Vorgänger im mittelhochdeutschen *lüeme* und im noch älteren germanischen *luomi*, was man wohl am besten mit *matt, mild* übersetzt. Ein direkter Nachfahre davon lebt noch in unserem *lahm* weiter. Mit *Lümmellager* meint man also eine lose, lockere Verbindung. Wie locker die dann auch wirklich ist, wenn sie nicht durch Segel, Dirk und/oder Baumniederholer gehalten wird, das merkt man spätestens, wenn einmal der Baum aus dieser Verbindung rutscht und einem Crewmitglied auf die Füße donnert.

Aber da war doch eben jener andere Lümmel, den wir ebenfalls im plattdeutschen Wörterbuch verzeichnet finden mit der Übersetzung *Flegel, grober Kerl*, aber auch mit *Mumps, Ziegenpeter*. Es gibt Sprachforscher, die die sprachliche Vergangenheit dieses unangenehmen Herren in die Sprache der Zigeuner verlegen. Dort soll er seine Abstammung besitzen von dem Adjektiv *limelo* (schleimig). Im 16. Jahrhundert, so behauptet man weiter, sei dieser Ausdruck in den oberdeutschen Gaunerjargon eingedrungen, und soll - man staune - zunächst die Bedeutung von *Schmeichelei* gehabt haben. Heute würden wir uns aber wohl kaum geschmeichelt fühlen, wenn uns einer mit *Lümmel* betitelte.

Ein Zusammenhang mit der *lockeren Verbindung* könnte aber bestehen über das altmannische Wort *Lummel*, das einen lockeren, zarten Lendenbraten meint. In Westfalen und im nördlichen Hessen sagt man dazu *Lummer*. Und von da aus wird dann wohl die gemeinsame Abstammung mit dem leicht antiquierten Adjektiv *lumm* klar erkennbar.

# *Genossenschaft für zwei*

Im Plattdeutschen, im Schwedischen und im Dänischen heißt er *Matros*. Alle drei Sprachen haben mit diesem Wort die Niederländer beerbt. Bei ihnen gab es dieses Wort schon etwas länger. Sie sagen noch heute *matroos* und meinen wie die anderen den ausgebildeten Seemann. Aber auch die Holländer haben den *Matroos* nicht erfunden. Sie bedienten sich eines französischen Wortes *matelot*, das auch mit Seemann übersetzt werden will. Die Franzosen aber gaben mit ihrem Wort an die Niederländer nur etwas zurück, was sie sich lange Zeit vorher bei ihnen ausgeliehen hatten. Im frühen Mittelalter sagten die Holländer *mattenoot*, was wörtlich *Mattengenosse* heißt. Dieser *Genosse* mußte nicht unbedingt ein Seemann sein. Nur zur See gab es besonders viele Mattengenossen.

An Bord wechselten sich nämlich immer zwei Seeleute beim Schlafen in einer Hängematte ab. Praktisch war das ganz einfach durchzuführen: man teilte die beiden Genossen bloß verschiedenen Wachen zu.

*Matte* heißt der erste Teil des Doppelwortes. Und die gibt es schon seit dem Mittelalter unter diesem Code. Die Germanen hatte bereits diesen Ausdruck vom lateinischen *matta* übernommen. Die Römer meinten damit eine Decke aus Strohgeflecht.

Das niederländische *(ge-)noot* hat natürlich dieselben Vorfahren wie unser *Genosse*. Es stammt aus dem mittelalterlich hochdeutschen *genoze*, das eine Weiterentwicklung aus dem germanischen *ginoz* ist. Dieser Begriff hat durchaus etwas mit *genießen* zu tun. Bloß daß dieses Wort früher eine etwas andere Bedeutung führte, als meist bei uns. Man meinte damals damit, daß einer mit einem anderen gemeinsam von einer Sache profitiert, sei es nun Vieh, Acker, Weide oder ein Fischteich. Somit waren die beiden dann Mitglieder einer Genossenschaft.

Und ein solches Mitglied war schließlich auch der Matrose. Mitglied nämlich einer Hängematten-Nutzungs-Genossenschaft.

# *Mole, Mut und Mühe*

Ganz im Anfang war es mühevoll und beschwerlich (lateinisch *molestus*), wenn bei den Römern eine Mole gebaut werden sollte. Riesige Steinmassen waren zu bewegen und Lastwagen und Autokräne waren dummerweise noch nicht erfunden. Von *molestus* (mühevoll) kommt dann das lateinische moles (Steinmassen, Damm). Über das italienische Nachfolgewort *molo* kam die Mole auch zu uns. Gemeint ist damit die schützende Umrandung des Hafenbeckens. Am Ende, dem Molenkopf, findet sich der Platz für das Molenfeuer, das eine Ansteuerung bei Dunkelheit erleichtern soll.

*Molestus* ist auch das Vorbild für das lateinische Verb *moliri* (etwas mit Anstrengung in Bewegung setzen, sich abmühen, etwas unternehmen). *Moles moliri* war in römischer Zeit der Terminus Technicus für *eine Mole aufbauen*. Besonders ärgerlich und in hohem Maße verwerflich war es damals wie heute, wenn etwas so mühevoll *moliertes* von nichtsnutzigen Rüpeln wieder *demoliert* wird.

In die sprachliche Verwandtschaft der Mole ordnet sich auch das über die französische Sprache gebildete *Molekül* ein. Auch dieses Wort steht ja für einen Zusammenbau.

*Moliri* selbst leitet sich ab von dem indogermanischen Urwort *mo-*, das auch Vorlage für unser *Mühe* war. Und Mühe war es vor allem, die zu investieren war, bis die *moles* als Steinmassen ihren schützenden Zweck erfüllen konnten.

Aus der indogermanischen Wurzel sind mit lateinischer Vermittlung ganze Serien von Begriffen gewachsen, die alle die *Mühe* als Grundsubstanz in sich tragen. Selbst unser *müde* gehört dazu; denn müde ist jemand, der sich durch Mühe bei irgendeiner Tätigkeit in diesen Zustand versetzt hat: Er hat sich abgemüht und ist infolge dessen müde. Auch der *Mut* hat etwas mit *Mühe* zu tun, ist also über *moles moliri* mit der *Mole* verwandt.

Es soll übrigens durchaus Molen geben, die dem Skipper ein gerüttelt Maß an Mut und Mühe abverlangen, wenn er sie *schadlos* passieren will. Doch das sind dann andere als sprachliche und mehr technische Zusammenhänge.

# Winziges Wasserfahrzeug

Wie nur ist der Name des biblischen Erzvaters in die Sprache der christlichen Seefahrt geraten? Noch dazu als Titel für das jüngste und unerfahrenste Besatzungsmittglied eines Schiffes! Aber nicht nur der nautische Azubi wird mehr oder weniger wohlwollend *Moses* genannt, auch das kleinste Beiboot einer Yacht führt diesen Namen.

Die Erklärung für dieses seltsame Phänomen findet sich im Buche Exodus des Alten Testaments. Zunächst einmal erfahren wir da, daß der Name nicht hebräisch sondern ägyptisch ist und *Kind, Sohn* heißt.

In der Gefangenschaft der Hebräer in Ägypten war im Laufe der Zeit das Volk der Juden so stark angewachsen, daß der Pharao es mit der Angst zu tun bekam. Der hohe Herr griff deshalb zu einem Mittel, das zwar nicht besonders fein, dafür aber wirksam und in jenen Tagen keineswegs unüblich war: Er erließ den Befehl, alle neugeborenen Knaben der Hebräer zu ermorden.

Einer Frau aus dem Stamme Levi war es gelungen, sich und ihren Sohn drei Monate lang zu verbergen. Als die Stasi des Pharao ihr auf die Schliche kamen, ließ sie sich etwas einfallen, um den Sohn zu retten. Sie legte ihn in ein Kästchen aus Papyrusschilf, das sie sorgsam mit Pech wasserdicht gemacht hatte. Dieses winzige Wasserfahrzeug setzte sie dann am Nil aus.

Ausgerechnet das Fräulein Tochter des Pharao entdeckte das Baby in seinem Rettungsboot und barg es ab. Sie adoptierte den Säugling und gab ihm den Namen *Moses*. Der Junge genoß in seiner aristokratischen Verwandtschaft eine Erziehung, wie sich das für ein Mitglied des Hochadels gehörte.

Diese Ausbildung war es dann, die ihn befähigte zum Führen des jüdischen Volkes aus der Gefangenschaft heraus in das gelobte Land. Wegen der Menschenfreundlichkeit seiner Tochter verlor so der Pharao seine billigen Gastarbeiter.

Die Leute in Westindien waren die Ersten, die nach dem Vorbild des mosaischen Schilfkästchens ihre allerkleinsten Boote *Moses* nannten. Diese Sitte breitete sich schnell aus. In Massachussets gab es bald den Ausdruck *Mosesboat*. Und von da fand er Eingang in die Seemannssprachen überall auf der Welt. Und daß der kleinste Seefahrer der Bibel auch dem kleinsten Mitglied einer Crew seinen Namen vererbt hat, braucht uns dann nicht weiter zu wundern.

Moses

Das Wort *Möwe* ist uralt. Und dennoch weiß kein Mensch, wo es eigentlich herkommt. Nur eines darf als sicher gelten, nämlich daß dieses Wort an der nordgermanischen Küste entstanden ist. Das beweisen die sehr ähnlichen Ausdrücke, die gerade die nordischen Sprachen für besagten Seevogel benutzen. Schon im Mittelalter sagten die Plattdeutschen *mewe*. Und das taten sie zu einem großen Teil noch bis ins 18. Jahrhundert. Auch heute hat sich der Ausdruck im Platt noch nicht allzusehr verändert: *Mew*. Die Niederländer sind fast immer den Plattdeutschen in der Benennung außerordentlich nahe. Sie sagen *meeuw*. Schon die Angelsachsen hatten im ältesten Englisch maew. Im Altisländischen sagte man mar.

Was aber, so lautet die unbeantwortete Frage, soll denn dieses Wort eigentlich bedeuten? Die Sprachforscher haben sich inzwischen darauf geeinigt, daß es sich bei diesem Gattungsnamen um nichts anderes als um eine lautliche Nachbildung des Möwenschreis handeln kann. Dabei hat die Namensgeber der Schrei der Möwe offenbar an das Miauen einer Katze erinnert. Besonders deutlich wird das beim Wort der Möwe in der friesischen Sprache. Dort heißt es *meau* oder auch *mieu*.

Kaum noch Ähnlichkeit mit der Katzensprache aber hat die Möwe auf dänisch *maage*, auf neuisländisch *maki* oder schwedisch *mas*. Aber auch dafür hat die Wissenschaft eine plausible Erklärung: Diese Wörter sind eben Ableitungen von älteren friesischen und norddeutschen, die ja immerhin im Originalton an eine Katze gemahnen. Das trifft vielleicht auch ein bißchen zu auf das französische Wort *mouette*.

# *Karre als Schiff*

Was hat der *Navigator* mit *Karneval* zu tun? Ein bißchen schon, wenigstens sprachlich. Nämlich den Hauptbestandteil seiner Amtsbezeichnung: das lateinische *navis* (Schiff). Das zugehörige Verb (jeder Pennäler kennt diesen Vertreter der a-Konjugation) heißt navigare, zu deutsch: *schiffen, zur See fahren*. *Navigation* ist das kaum veränderte lateinische *navigatio*. Der Navigator schmückt sich also mit einem Titel, den schon die alten Römer für ihn reserviert haben. Auf gut deutsch heißt das *Schiffer, Seefahrer*.

Auch das altgriechische Wort für Schiff, *naus*, ist eng verwandt mit dem lateinischen navis und war sogar schon vor ihm in Gebrauch. Von der griechischen Variante stammen unsere Begriffe *Nautik, nautisch* ab.

Wie aber war das mit dem Karneval? Dieses Wort stammt höchst wahrscheinlich ab vom römischen *carrus navalis*. Während der Rosenmontagsumzüge im alten Rom und natürlich auch in den rheinischen Kolonien, allen voran in der Colonia Agrippinensis Claudia Ara (Köln), spielte der Schiffskarren eine wichtige Rolle. Es handelte sich dabei um ein Fahrzeug (*carrus*) in Form eines Schiffes (*navis*) das über und über mit Blumen (Rosenmontag) beladen war. Es ist nicht überliefert, ob der Lenker dieses carrus navalis damals auch *Navigator* genannt wurde. Unmöglich aber ist das keineswegs.

Das zu Kaiser Wilhelms Zeiten so beliebte Schlagwort *navigare necesse est - Seefahrt tut not!* müßte analog zum vorher gesagten sprachlich präziser mit *schiffen* ist *nötig* übersetzt werden. Und wie nötig so etwas sein kann, weiß derjenige, der schon einmal vor dem Loswerfen der Leinen seiner Jolle ein kühles Blondes zur Brust genommen hat und dann eine Stunde später mitten auf einem großen und stark belebten See in totale Flaute geriet.

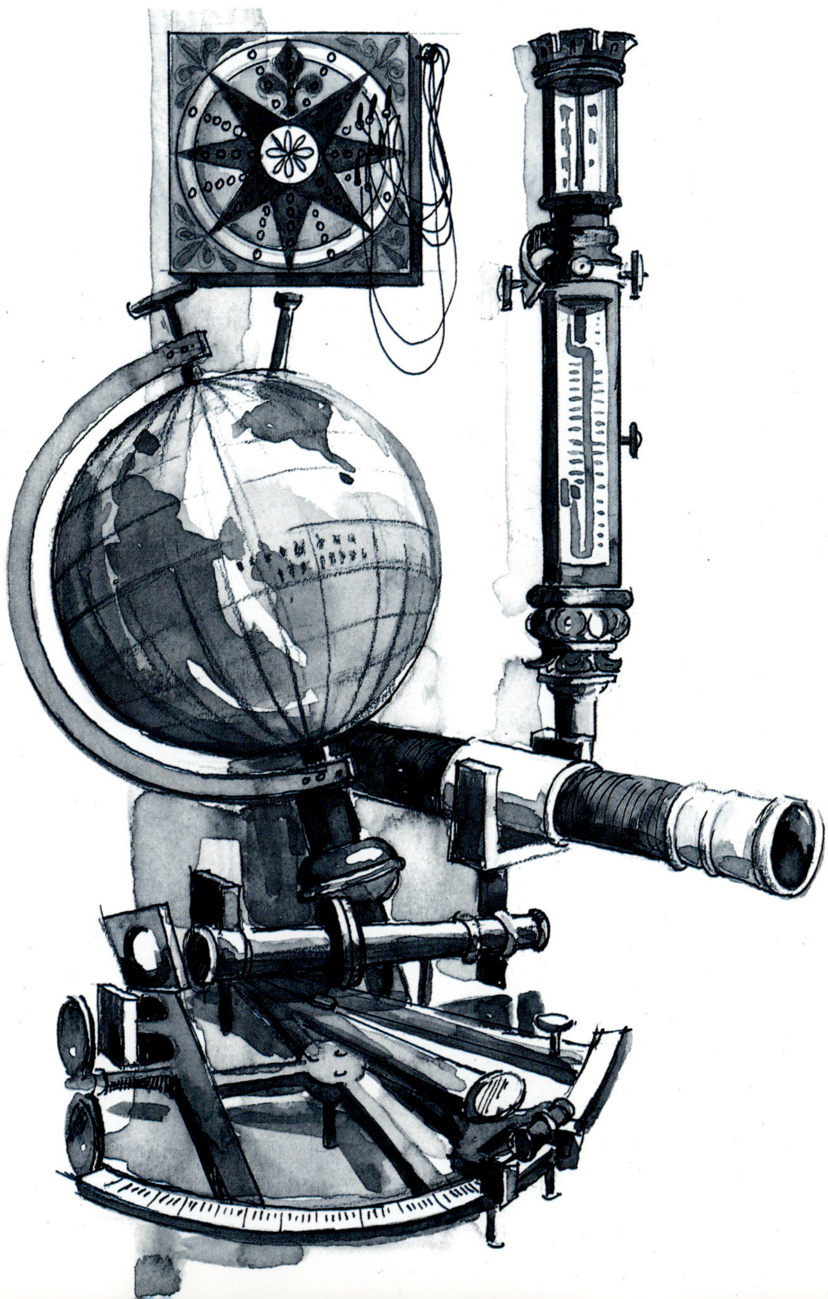

# Nixe

Eigentlich ist die Nixe ein Krokodil. Das jedenfalls ist die Bedeutung des althochdeutschen Wortes *nihhus*, aus dem der Name der Wasserelfen entstanden ist. Die angelsächsische Form lautet *nicor*. und meinte ein *Wasserungeheuer*. Im Mittelalter sagte man *niches* oder *nickes*, was dann im Neuhochdeutschen zu *Nix* und der weiblichen Form *Nixe* geworden ist.

Im Plattdeutschen hat man an der angelsächsischen Form mit -r festgehalten: *Nicker*. Bei den Dänen heißt er *nöck* und bei den Schweden *näck*. Daraus schließlich stammt *Neck*, wie man im Deutschen gelegentlich auch hört. Die indogermanische Wurzel muß einmal *nig-* geheißen haben. Daraus sprossen auch in anderen Sprachen Ausdrücke wie *nij* im Sanskrit und *nízein* im Altgriechischen. Übersetzen muß man beide mit *waschen, sich baden*.

Trotz der engen Sprachverwandtschaft unterscheiden sich Nixen beträchtlich von Krokodilen. Sie sind von strahlender Schönheit. Nicht selten steigen sie an Land und klettern an Bord von Schiffen. Man erkennt sie daran, daß die Säume ihrer Kleider nie richtig trocken werden.

Seeleute und Nixen verlieben sich ineinander. Dabei ist es tröstlich zu wissen, daß diese Damen in der germanischen Mythologie keineswegs mit einem Fischschwanz als Unterleib herumspazieren. Der wäre auch für den Landausflug wie für die Liebe gleichermaßen unpraktisch. Irgendwer muß da einmal die gute deutsche Nixe mit einer isländischen *haffru* (Meerfrau) verwechselt haben. Diese war nämlich ein *meyfiskur* (Mädchenfisch). Unsere Nixen jedenfalls tragen keine Schuppen, weder im Goldhaar noch sonstwo. Lästig bei der Liebe zu einer Nixe ist allerdings der Umstand, daß die Meermädchen stets zur bestimmten Stunde wieder zurück in ihre feuchte Heimat müssen. Um die Liebste länger als schicklich bei sich zu haben, ist den Seeleuten immer schon mancher Trick eingefallen. Und wenn dann die Jungfern feststellen, wie weit die Zeit schon vorgerückt ist, springen sie in panischem Schrekken in ihr nasses Element. Und wer genau hinsieht, kann anschließend Blut aus der Tiefe aufsteigen sehen. So grausam ist die Strafe für eine verspätete Nixe.

An diese schlimmen Folgen sollte der feine Mann denken, bevor er seine Absicht verwirklicht, die Geliebte mit List und Tücke länger bei sich zu halten, als sie das eigentlich darf. Die Folgen treffen immer die je nach den Umständen mehr oder weniger Unschuldige.

# Ösen ohne Öse

*Ösen* hat sprachgeschichtlich nicht das geringste mit einer Öse zu tun. Letztere gibt es als deutsches Wort seit etwa 500 Jahren. Zuerst trat der Ausdruck als *ose* im mitteldeutschen Raum auf. Er soll vom gotischen *auso* (Ohr) abstammen. *Öse* und das *Öhr*, das sich noch etwas mehr sprachliche Familienähnlichkeit bewahrt hat, bedeuten also ohrähnliche Öffnung.

*Ösen* dagegen hat eine lateinische Abstammung: *haurire* heißt *schöpfen*. Dazu gehört das Partizip Perfekt *haustum* (geschöpft). Das wird dann mit Präfix zu *exhaustum* (erschöpft, ausgeschöpft). Das H ist in der sprachlichen Entwicklung schon sehr früh geschwunden. Das ist bei den Lateinabkömmlingen schon fast eine Selbstverständlichkeit. Die Sprecher der Latein-Derivate haben seit langem ein gestörtes Verhältnis zu diesem Hauchlaut. Während die Italiener ihn im Anlaut auch aus der Schrift verbannten, haben Spanier und natürlich die Franzosen sich schon frühzeitig angewöhnt, diesen Buchstaben zu ignorieren, selbst dann, wenn sie ihn geschrieben vor sich sehen. Erhalten hat sich das *H* dagegen im niederdeutschen *hozen* und im niederländischen *hossen*. Beide standen Pate, als das Wort für *Wasser aus einem Boot schöpfen* nämlich *ösen* entstand.

Das Instrument, mit dem man dieser nützlichen Tätigkeit obliegt, heißt *Ösfaß*. Der zweite Teil des Kuppelwortes hat natürlich etwas mit *fassen* zu tun. Schon die alten Germanen sagten dazu *fazzou*. Im Mittelhochdeutschen kam es mit *fazzen* unserem heutigen Wort schon zum Verwechseln nahe. Auch das niederländische *fatten* ist für uns noch eindeutig identifizierbar. Es hat nebenbei wie bei uns auch die sinnverwandte Bedeutung von *verstehen, begreifen*. So bedeutete dann auch das altisländische *fata* = *den rechten Weg finden*. Im Altenglischen hatte *fatian* auch noch den Sinn von *ein Weib heimführen*. Die Bedeutungsgleichheit mit fassen läßt die Vermutung zu, daß die Sitten der Urbriten damals wohl noch recht urig gewesen sein müssen.

# *Auferstehung des Lichts*

Im Osten wird die Morgenröte sichtbar. Und genau das ist die Bedeutung des Wortes Osten. Germanisch sagte man *ostan.* Und damit ist das altisländische *austan* verwandt. Das Wort hat Verwandte in allen indogermanischen Sprachen. Alle stammen ab von dem Urwort *au-es* oder einfach *aus* (leuchten, hell werden).

Davon stammt natürlich auch die altgriechische Göttin *Eos*, die für die Morgenröte verantwortlich war und ihre römische Kollegin *Aurora.* Alle Veranstalter des zarten Rosa sind Damen, auch die altorientalische *Astarte* gehört zu ihnen. Diese Tatsache läßt vermuten, daß die *Mythologie* mit weiblichen Morgengottheiten und ihren Namen noch wesentlich älter ist als das Wort im Indogermanischen. Im Altindischen hieß das entsprechende Wort *usrah*; und auch das Lateinische *Austria* für *Österreich* (Reich im Osten) ist ein direkter Abkömmling. Das Althochdeutsche hatte das Adjektiv *ostar* (östlich). Noch im Mittelalter sagte man dazu *oster.* Dieses Wort ist noch heute Bestandteil vieler Ortsnamen.

Hier wird auch die enge Verwandtschaft zum Auferstehungsfest erkennbar. Das Wort *Ostern* ist heidnisch-germanischen Ursprungs. Lange vor der Christianisierung gab es ein Fest zu Ehren einer Frühlingsgöttin. Diese Dame war verantwortlich für das Licht. So fiel dann auch das zunehmende Licht des Jahres in ihren Arbeitsbereich.

*Eostrae* hieß die germanische Lieferantin der Morgenröte. Allerdings hat dieses fleißige Mädchen einen Fehler: Man ist sich nicht absolut sicher, daß es sie überhaupt gegeben hat. In anderen Quellen ist nämlich auch noch von einer gewissen *Austro* die Rede. Mag sein, daß mit beiden Namen nur eine Person gemeint ist. Unwahrscheinlich ist aber auch nicht, daß zwei Göttinnen mit der in nordischen Ländern nicht ganz leichten Aufgabe betraut waren, das Licht an den Himmel zu zaubern.

Eines steht aber fest: gefeiert haben die alten Germanen das Osterfest schon lange vor den Christen, so etwa im April. Und dabei gab es schon alle die symbolischen Bräuche vom Osterhasen über die Ostereier bis zum Osterfeuer. Anlaß der Festlichkeit war ja genau wie bei den Christen die Auferstehung des Lichts.

# *Lager für Brote*

Auf kleinen Schiffen gibt es natürlich auch nur kleine Küchen. Und für die ist der Name *Kombüse* ein wenig zu anspruchsvoll. Man bleibt deshalb bei der etwas bescheideneren *Pantry*. Und dieser Ausdruck hat inzwischen auch Eingang in die Sprache der Landratten gefunden. *Pantries* findet man heute auch in der kleinen aber feinen Wohnung, die eben keinen Platz für eine Küche, wohl aber für eine Kochnische besitzt.

Natürlich ist das Wort englisch. Man sieht das auf den ersten Blick. In England ist der Ausdruck sogar noch vielseitiger als bei uns: auch eine Speisekammer oder eine Wäsche- und Geschirrkammer kann man mit *Pantry* bezeichnen. So spricht man dann auch von *butler's pantry* oder in weniger hochherrschaftlichen Haushalten von *housemaid's pantry*, wenn die Aufbewahrungskammer für Wäsche und/oder Geschirr gemeint ist.

Die Engländer haben das Wort nicht allein geschaffen. Am Anfang stand das lateinische *panis* (Brot). Der *Panarius* war bei den Römern ein *Brotverkäufer*. Er bediente sich für seine Kunde aus dem *panatorium*. Das ist eine Kammer oder ein Lager in dem er seine Ware stapelte.

Von den Römern haben den Ausdruck als erste die Franzosen übernommen. In alten Zeiten hieß er bei ihnen *panetrie* und der Bäcker heißt noch heute *panetier*. Das alte englischen Wort *panter* (Bäcker) wird nur noch sehr selten gebraucht. Im Mittelalter aber war das der Titel für den Hofbeamten, der für jede Art von *pantry* zuständig war.

# *Ein günstiger Wind*

Ein Segelwind, auf den man sich verlassen kann, ist selten. Am häufigsten findet man ihn noch in den Zonen der Passatwinde. Davon gibt es zwei: eine nördlich und eine zweite südlich des Äquators. Im Norden bläst der *Passat* aus Nordost und im Süden aus Südwest. Bessere Verhältnisse zum Überqueren des Atlantik mit einem Segelschiff lassen sich überhaupt nicht vorstellen. Fährt man also nach Amerika, hält man sich nördlich vom Äquator und wenn Kurs Europa anliegt, steuert man etwas weiter südlich.

In deutschen Landen tauchte das Wort *Passat* zunächst an der Waterkant auf. Die Plattdeutschen haben es aus dem Wörterbuch der Niederländer. Bis heute weiß man nicht so genau, wie es da hineingekommen ist. Man liegt aber richtig, wenn man annimmt, daß es aus der Wendung *passade wind* entstanden ist. Gemeint ist damit der passende Wind für die Passage über den Atlantik. Zugrunde liegt das französische *passer* (gehen, vorübergehen, passieren). Etwas, das passiert, tritt ein, kommt vor. Ebenfalls von dem französischen Wort stammt *passen* mit der plattdeutschen Entsprechung von *zum Ziel kommen, erreichen.* Ins Hochdeutsche übernommen, entstand eine Fülle von Anwendungsmöglichkeiten für dieses vielseitige Wort: *angemessen sein, gelegen sein, gut sitzen, angenehm, willkommen sein, aber auch von einem Ort zum anderen gehen; vorübergehen.*

Aber damit ist die Liste der Ableger von *passer* noch lange nicht am Ende. Es gibt ja auch noch *passabel, verpassen, aufpassen.* Und auch das sind Verwandte des *Passat: Passant, Passagier, en passant, passieren* und damit für heute *passé.*

# *Maß, Gefäß und Eimer*

In der Navigation spielt das Wort *peilen* eine tragende Rolle. Man meint damit das Bestimmen, in welcher Richtung ein erkanntes Objekt in der Gegend liegt. Hat man zwei Peillinien, die sich schneiden, dann weiß man auch, wo man sich zur Zeit befindet.

Weniger bekannt sein dürfte die Tatsache, daß *peilen* und *Pegel* ein und dasselbe Wort sind. Mittelniederdeutsch nämlich hieß *peilen - pegelen.* Davon gibt es aber im Platt auch noch das Verb *pegelen* als *zechen, saufen.* In hochdeutschen Kreisen heißt das Wort *picheln.* Und auch das gehört in die Verwandtschaft. Sprachlicher Ahnherr ist auch hier wieder einmal ein Lateiner. *Pagina* (Seite) war das mit seiner Verkleinerungsform *pagella* (Spalte). Im mittelalterlichen Latein legte man der *pagella* auch die Bedeutung *Maßstab* bei. Und von da war es dann auch nicht mehr weit bis zum *peilen, pegelen* und *Pegel.* Im Angelsächsischen entstand das Nomen *poegel* mit der Bedeutung *Gefäß, kleines Maß, Trinkbecher.* Daß man aus einer Maß hervorragend trinken kann, hat sich vor allem im Süden Deutschlands ein-

deutig erwiesen. Dort wird man allerdings nicht unbedingt von einem *kleinen Maß* reden, wenn man ein Trinkgefäß anspricht.

Aus dem *poegel* wurde im heutigen Englisch das *pail.* Damit ist ein Eimer gemeint. Die Niederländer verwenden ein ganz ähnliches Wort: *peil.* Bei ihnen bedeutet das *Wasserstandsmarke, Niveau,* letzteres auch in übertragener Bedeutung wie in *'t peil van ontwikkeling = Bildungsstand.* Dann aber gibt es in den Niederlanden wie bei uns das Verb *peilen.* Und auch bei unseren Nachbarn kann man damit eine ganze Menge verschiedener Dinge ausdrücken: *pegeln, peilen, loten, prüfen (zum Beispiel den Alkoholgehalt).* Selbst seinen Mitmenschen kann der Holländer *peilen,* einmal, wenn er ihm den Puls fühlt; dann aber auch wenn er jemandem *auf den Zahn fühlt.*

# Eimer, Brunnen, Kohlengrube

Das ist wieder einmal so ein Wort, an dem sich die Geister scheiden: Sagt einer *Eimer,* so ist er mit Sicherheit einer, den man an der Waterkant mit *Landratte* tituliert. Norddeutsche und Seeleute sagen *Pütz.* Und dazu gibt es auch noch ein passendes Verb: pützen, wenn es darum geht, die Tätigkeit zu beschreiben, die darin besteht, mit einer Pütz ein Boot auszuschöpfen, oder besser gesagt zu lenzen. Am Beginn dieses plattdeutschen Ausdrucks steht auch hier etwas Lateinisches: *puteus.* Die Römer meinten damit einen Brunnen oder einfach eine Grube. Auf verschlungenen Pfaden gelangte das lateinische Wort bereits im Mittelalter in der Form *put* (Brunnen) ins Niederdeutsche. Sinnigerweise

nannte man dann das Gefäß, mit dem man aus dem Brunnen schöpfte *putse* und damit war die *Pütz* schon fast fertig. Aus dem mittelniederdeutschen *put* ist inzwischen das plattdeutsche *Pütt* geworden, *die Pütt* wohlgemerkt. Gemeint ist damit zunächt einmal das, was im Hochdeutschen auch ähnlich klingt: die *Pfütze.* Aber es heißt auch *Wasserloch, Brunnen.* Im westfälischen Platt der Bergleute erscheint dasselbe Wort im maskulinen Geschlecht. Der *Pütt* ist auch ein Loch in der Landschaft, nämlich das Bergwerk der Ruhrkumpel. Auch der zweite Teil des Wortes *Cockpit* gehört hierher; denn das englische Wort hieß ursprünglich *Hahnengrube.*

In der plattdeutschen Sprache gibt es auch noch das Verb *pütten. Ausschöpfen* aber auch *ausschachten, buddeln* und sogar *gießen* kann man damit ausdrücken. Dazu gehört dann auch der Pott und der, der ihn macht, der *Püttjer, Pütter* oder *Pötter.* In übertragenem Sinn ist das auch die Bezeichnung für jemanden, der besonders pedantisch und langsam mit Bedacht arbeitet. Das was er herstellt, ist dann auch *Püttjeskram* womit auch eine diffiziele *Fummelarbeit* gemeint ist.

# Bäumchen im Meer

Das gibt es wirklich: Bäumchen mitten im Wattenmeer. Allerdings sind sie dort nicht von selbst gewachsen. Als Bezeichnung für die Backbordseite eines Fahrwassers wurden sie in den Meeresgrund gesteckt. Und *stecken* ist auch die Grundbedeutung des Wortes, das nur im germanischen Sprachraum zu finden ist. Ausgangspunkt dürfte das altnordische *prika* sein. Stange war damit gemeint. Im Plattdeutschen gibt es *Prick* mit dem Plural *Prikken.* Zu übersetzen ins Hochdeutsche wäre das mit *Stachel, Spitze, Punkt.* Auch ein spitzes Werkzeug zum Stechen kann damit gemeint sein und ebenso ein spitzes Holzstück. Das Wort begegnet uns auch in der Redensart *up'n Prick.* Das bedeutet so viel wie *auf den Punkt genau, sofort, gleich.* Und selbstverständlich kann man den Begriff auch als Adjektiv einsetzen: *prick* = *genau, exakt, scharf, deutlich.*

Auch die Hochdeutschen verwenden das Verb *prickeln: Stechen, sticheln, reizen, anregen* und ähnliches kann man damit ausdrücken. Ganz ähnlich lautet das englische Nomen *prick*. Sein Bedeutungsradius reicht von *Spitze* über *Stachel, Dorn* und *Ahle* bis zum *Penis.* Die Norweger haben das altnordische *prika* bewahrt. Noch heute meinen sie damit *Spitze, Stange.* Im Dänischen ist das *pricken over i'et* = *das Tüpfelchen auf dem i.* Auch die Niederländer haben zu unserem Stichwort einiges zu sagen. Sie verwenden *prik, prikkel* und *prikkelend* ganz so wie wir das auch tun. Dann gibt es in Holland auch noch das *prikje* in dem Sinne von *iets voor een prikje kopen.* Gemeint ist damit: *etwas für einen Apfel und für ein Ei kaufen.*

# *Verwalter des Windes*

Verantwortungsbewußte Skipper vergessen es niemals, von jedem an Bord ausgeschenkten Getränk einen winzigen Schluck für einen imaginären *Rasmus* abzuzweigen und über Bord zu gießen. Das ist nämlich der Sold für einen Herrn, dem das hochwichtige Amt obliegt, für guten Segelwind zu sorgen.

*Rasmus* ist die niederländische, die skandinavische und plattdeutsche Form des heiligen Erasmus. Sein Name ist die Ableitung von dem griechischen Verb eremai (lieben). *Erasmus* also heißt *Geliebter.* Und so etwas ist er ja wohl auch bei den Seglern, vor allem dann, wenn er tagtäglich eine neue frische Brise aus der richtigen Ecke beschert. Der bekannteste aller Träger des Namens *Erasmus* dürfte wohl der Erasmus Desiderius von Rotterdam sein. Er lebte von 1466 bis 1536 und gilt als führender Humanist und Wegbereiter der Reformation, die er selbst allerdings scharf ablehnte.

Wie aber kommt der Name eines solchen seriösen Philosophen nach seinem Tode an den Windmacher vom Dienst der Segler? Das ist eine Frage, die mich lange beschäftigt hat. Nirgendwo gibt es darüber etwas nachzulesen. Dabei gibt es doch wohl keinen Zweifel an der Existenz dieses Wesens. Man braucht nur einmal zu vergessen, dem Rasmus den ersten Schluck aus einer frisch geöffneten Buddel zu gönnen. Mit Sicherheit führt so ein Fehlverhalten irgendwann einmal zu einer totalen Flaute.

Ein niederländischer Fischer, den ich kürzlich zum Rasmus-Wind-Problem vernommen habe, liefert eine Erklärung für die Amtseinführung des *Rasmus* als Verantwortlicher für Wind und Fortkommen. Die Holländer haben ein Verb *razen.* Das heißt natürlich erst einmal *rasen,* dann aber auch *toben, wüten, blasen* und sogar *singen.* Alle diese Aktivitäten werden auch dem Wind nachgesagt. Deshalb war mein Gewährsmann fest davon überzeugt, daß man einfach an den Stamm des Verbs *razen* ein lateinisches *-mus* angehängt habe und fertig war der *Rasmus.*

Mag sein, daß die gelehrten Etymologen mit dieser Erklärung nicht so ganz einverstanden sind. Was soll's, mir gefällt sie. Dennoch: viel wahrscheinlicher ist es, daß sich hinter unserem viel beschäftigten *Rasmus* nicht der von Rotterdam verbirgt, sondern ein heiliger Märtyrer, der zu den 14 Nothelfern gerechnet wird. Dieser Erasmus wird seit alters her angerufen bei Viehkrankheiten, Leibschmerzen und Geburtswehen. Außerdem ist dieser Vielzweckheilige als Schutzpatron zuständig für Seeleute und Drechsler.

# Wettfahrt der Gondeln

Das Wort *Regatta* klingt wie gutes Italienisch, und das ist es auch. Dennoch: so ganz genau kann niemand sagen, welchen Weg dieser Ausdruck durch die Sprachgeschichte genommen hat. Fest steht nur, daß die Venezianer ihn als erste gebrauchten. Sie benannten damit eine Wettfahrt mit ihren Gondeln. *Regatta* oder auch *rigatta* hieß das Wort schon in alten Zeiten bei den Italienern. Heute folgt man einer modernisierten Orthographie und schreibt *regata a vela*. Das heißt ganz wörtlich *Wettsegeln*. *Regatta* sagen dazu übrigens auch die Dänen, Niederländer und Engländer. Schwierigkeiten bereitet es, die sprachliche Wurzel dieses Wortes zu finden. Einige Wahrscheinlichkeit hat der Bezug zum italienischen Nomen *riga*. Linie, *Zeile, Streifen, Reihe, Scheitel*, das alles kann dieser vielseitige Ausdruck meinen, und *prima riga* bedeutet *erster Rang*.

Das Wort *riga* gab es übrigens auch im Althochdeutschen mit fast identischem Inhalt. Davon wieder stammen zahlreiche Begriffe ab, von der

*Regel* bis zur *Regierung*. Und auch die *Riege* und sogar das *Rigg* passen in den Zusammenhang.

Es gibt aber ernst zu nehmende Forscher, die einen anderen Zusammenhang vermuten. Die Annahme, daß der italiensche *gatto* (Kater) etwas damit zu tun haben könnte, halte ich für abwegig. Eher schon mag das Verb *regatare* in Frage kommen. Seine Bedeutung ist sich *bemühen, streiten, rivalisieren*. Die spanische Sprache, die sehr eng mit der italienischen verwandt ist, besitzt ein ganz ähnliches Wort: *regatar* mit der Bedeutung *feilschen, verkaufen*. Die Spanier verwenden dieses Verb auch für *wettfahren*.

Diese Tatsache ist aber noch kein Beweis dafür, daß *Regatta* nur aus dieser Wurzel gewachsen sein kann. Es kann nämlich genauso gut umgekehrt sein, daß nämlich diesem Verb ein zusätzlicher Inhalt zugewachsen ist, weil sein Klang deutlich erinnert an das, was die gondelstakenden Venezianer *regatta* genannt haben.

# *Der Mann am Roor*

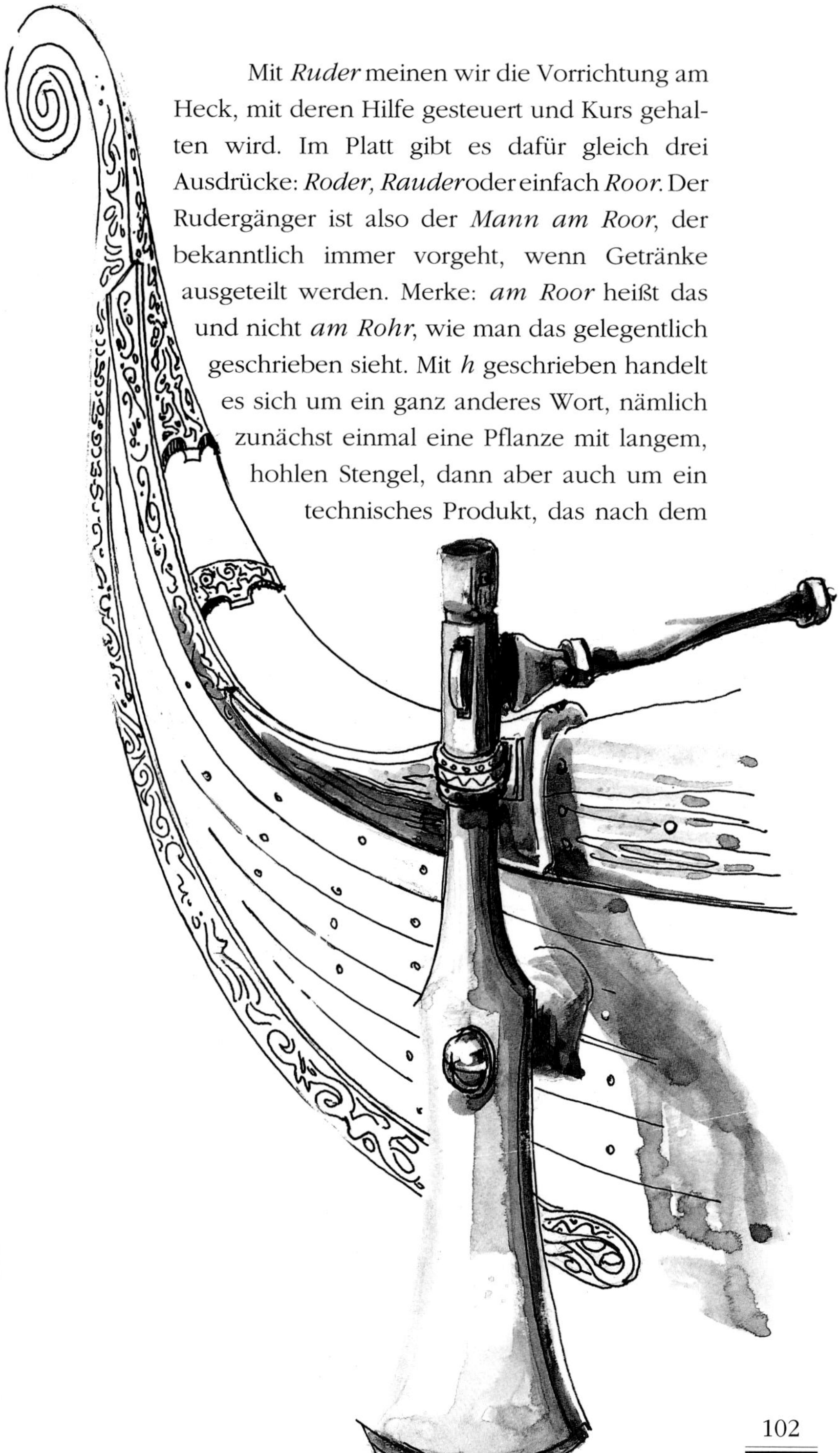

Mit *Ruder* meinen wir die Vorrichtung am Heck, mit deren Hilfe gesteuert und Kurs gehalten wird. Im Platt gibt es dafür gleich drei Ausdrücke: *Roder, Rauder* oder einfach *Roor.* Der Rudergänger ist also der *Mann am Roor,* der bekanntlich immer vorgeht, wenn Getränke ausgeteilt werden. Merke: *am Roor* heißt das und nicht *am Rohr,* wie man das gelegentlich geschrieben sieht. Mit *h* geschrieben handelt es sich um ein ganz anderes Wort, nämlich zunächst einmal eine Pflanze mit langem, hohlen Stengel, dann aber auch um ein technisches Produkt, das nach dem Vorbild der Pflanze gefertigt ist, in dem man flüssige und gasförmige Stoffe auf die Reise schicken kann.

Woher aber *Rohr* abzuleiten ist, weiß man nicht genau. Besser dagegen sind wir über die Abstammung des *Roor* unterrichtet. Sein Ursprung ist westgermanisch. Althochdeutsch sagte man *ruodar.* Im Mittelalter hieß es immer noch *ruoder.* Daraus wuchs das niederländische *roer,* das englische *rudder,* das skandinavische *ror* und eben das niederdeutsche *Roor.* Natürlich gibt es auch eine Verbalform. Diese hieß im Mittelalter auf Hochdeutsch *rüejen,* auf Niederdeutsch sagte man damals wie heute *rojen.* Die Niederländer haben *roeien,* die Engländer *to row* und die Skandinavier sagen kurz und bündig *ro.*

Das Verb ist im Hochdeutschen untergegangen. An seiner Stelle verwendet man das vom Substantiv her neugebildete *rudern.* Das Ruder selbst aber war aus dem alten Verb *rüejen* als Instrumental-Nomen gebildet worden. So komplizierten Wegen folgt oft die Entwicklung der Wörter unserer Sprache.

Die Wortgleichheit des *Ruderns* als Fortbewegung und als Steuern mittels Ruders ist darin begründet, daß früher, ganz so wie heute noch bei ganz kleinen Booten, das Ruder für beide Aktionen eingesetzt wurde. Gewachsen aber ist das Wort aus der indogermanischen Wortwurzel *ere-* (rudern). Auch das altgriechische *eretes* (Ruder) und das lateinische *remus* (Ruder, Riemen) sind Nachkommen dieses ehrwürdigen Urworts.

# Mit Sichel und Säge

*Segel, Segelboot, segeln,* das sind für uns Worte des täglichen Umgangs. Aber woher kommt denn nun eigentlich das Wort *Segel*? Eine gar nicht so dumme Frage, auf die es eine überraschende Antwort gibt: *Segel* ist mit *Sichel, Sense* und mit *Säge* sprachlich verwandt. Semantischer Ahnherr aller dieser Worte ist die indogermanische Wortwurzel *sek-* (schneiden) Die Lateiner machten daraus das Verbum *secare* und daraus entstanden dann unter vielen anderen die Begriffe *sezieren, Sektor, Segment, Insekt.* Aber auch *signum* (Zeichen, etwas Eingekerbtes), *signieren, resignieren, Signal, Siegel* und sogar *Segen.*

Was aber hat *Segel* mit *schneiden* zu tun? Höchst einfach: Ein Segel ist ein Segment, ein abgeschnittenes Etwas aus einem noch größeren Tuch. Im Altisländischen war *segi* ein Fleischstreifen und *soegr* ein losgerissenes Stück. So ist also *Segel* nichts anderes als eine direkte Ableitung vom indogermanischen *sek-*.

Im Mittelhochdeutschen hieß *segeln = sigelen.* Die Mittelniederdeutschen sagten bereits *segelen* oder *seilen*, und dieses Wort wird auch heute noch im Platt verwendet, wenn man ausdrücken will, daß das Schiff *unner Seil* is. Auch im übertragenen Sinn wird oft von *Seil* gesprochen. Wenn zum Beispiel einer mutlos geworden ist, sagt man von ihm, daß er *de Seils hangen laten deit.*

Unverkennbar ist die Verwandtschaft mit dem niederländischen *zailen* und dem englischen *to sail.* Die Schweden sagen *segla. Segel* und *Säge* mögen sprachlich noch so eng miteinander verwandt sein, im Gebrauch wird der verbleibende kleine Unterschied deutlich erkennbar.

# Der sechste Teil

*Sextanten* müssen nicht unbedingt weiblich sein. Wenn sie es aber sind, dann sagt das Wort auch etwas aus über die Art ihres nicht ganz so feinen Gewerbes. Meistens aber meint man mit *Sextanten* die deklinierte Form oder den Plural eines nautischen Präzisions-Meßgerätes. Dennoch hat *Sextant* durchaus etwas mit sex zu tun, zwar nicht mit dem Wort *Sexus*, mit dem die Alten Römer *Geschlecht* meinten, dafür aber mit dem gleichfalls lateinischen Zahlwort *sex* (sechs). Das Römerwort *sextans* bedeutet *sechstel*, und dieser Ausdruck paßt wie kein anderer für einen Sextanten. Der Meßbereich des Sextanten umfaßt nämlich genau ein Sechstel des Vollkreises. So kann man also exakte Winkelmessungen über 60 Grad durchführen. Das ist schon eine wesentliche Verbesserung gegenüber dem Vorgänger des Sextanten, dem *Oktanten*, der nur über ein Achtel des Kreises messen konnte.

*Alhidade* heißt der verstellbare Schenkel am Sextanten. Der Artikel al- läßt klar erkennen, daß es sich hier um ein arabisches Wort handelt. Das braucht uns nicht weiter zu wundern, wenn wir daran denken, daß die Araber auch in Sachen Sternenkunde die Lehrmeister der Europäer gewesen sind. *Al'idaada* hieß das bewegliche Lineal des mittelalterlichen Astrolabiums. Und so heißt es auch heute noch beim Theodolit und eben beim Sextanten. *Al'idaada* exportierten die Araber gemeinsam mit dem betreffenden Instrument über Spanien in die europäischen Entwicklungsländer jener Tage. *Alhidade* ist eine Ableitung von dem arabischen Verb *'aadada* mit der Bedeutung *einander helfen, zusammenarbeiten.*

Der Gradbogen am Sextanten trägt dann wieder einen lateinischen Namen. *Limbus* heißt eigentlich *Besatz, Saum.* In der Botanik bezeichnet man damit den Saum einer teilweise verwachsenen Blüte. In der altrömischen Mythologie aber war *limbus* auch ein Teil der Unterwelt. Nach der Christianisierung stand dann das Wort auch für die *Vorhölle*, in der die armen Seelen ihre zeitlich begrenzten Strafen absitzen, bevor auch sie der ewigen Seligkeit teilhaftig werden dürfen. Heute benutzt man das Wort *Limbus* für sehr viel prosaischere Sachen, nämlich für einen Gradkreis und für einen Teilkreis an Meßinstrumenten, wie eben auch am Sextanten.

# Gleiten, rutschen, schlüpfen

Mit *Slip* meinen wir eine schiefe Ebene, die vom Land aus langsam ins tiefere Wasser führt. So wird es möglich, ein Schiff auf fahrbarem Untersatz in das Wasser zu bewegen, bis es durch eigenen Auftrieb schwimmt und das Fahrzeug freigibt. Aber auch einen Knoten kann man *auf Slip legen.* Das heißt, man macht eine Schleife in die Leine. Dann braucht man nur kurz und kräftig am Tampen zu ziehen und die Verbindung ist gelöst.

*Slip* ist selbstverständlich auch auf der britischen Insel zuhause. Dort heißt es *to slip*, was man treffend mit *gleiten, rutschen* übersetzt. Ein naher Verwandter davon ist unser *schlüpfen. Slip* ist aber auch ein Kleidungsstück, in das man ohne Mühe hinein und hinausgleiten kann. Das gilt natürlich in besonderer Weise vom intimsten aller Textilien und zwar in wirklich dringenden Fällen mancherlei Art. Besondere Gleitfähigkeit erwartet man auch beim Hineinschlüpfen in die *Slippers*, die man gewöhnlich an den Füßen trägt. *Slipp* ist die plattdeutsche Version. Sie bezeichnet die *Gleitbahn*, eine *Schräge*, aber auch den *Weg über einen Deich. Slipp* ist aber auch der Zipfel eines Kleidungsstücks. *Een bi de Slippen kriegen* meint jemanden *fassen, ergreifen, zur Rechenschaft ziehen.*

Zur Wortsippe gehört auch der *Schlips*, plattdeutsch *Slips*, wie man das bezeichnet, was feine Leute mit dem französischen Wort *cravatte* ausdrücken. *Sik up'n Slips pedden* heißt auf Hochdeutsch *sich etwas einbilden.* Ganz anders ist die Sachlage, wenn einem jemand anders *up'n Slips pedden deit.* Dann nämlich wird man sich beleidigt, *auf den Schlips getreten* fühlen.

*Sliepig* meint im Platt *glitschig* oder *ungar*, wenn es sich um Brot oder Kuchen handelt. Um eine Fläche sliepig zu machen, muß man sie *sliepen* (schleifen). Die indogermanische Wortwurzel muß in grauer Vorzeit etwa *slei-* geheißen haben. In unsere Sprache übertragen könnte man dafür sowohl *schleimig* als auch *gleitend* sagen. Abkömmlinge davon sind auch *Leim* und *schlüpfrig.*

# Schmutzig, heiß und fettig

Zweifellos ist der Smutje an Bord der allerwichtigste Mann. Ja, selbst *the mightiest man next God*, wie der Kapitän sich gern betiteln läßt, verblaßt gelegentlich vor der Macht seines Küchenchefs, denn der trägt dazu bei, die Stimmung der Crew auch bei anhaltender Flaute nicht unter den Nullpunkt sinken zu lassen. Im Platt gibt es das Original für die Amtsbezeichnung des maritimen Küchenchefs. *Smuttje* oder auch *Smuutje* heißt er dort. Abgeleitet aber ist dieses Wort von (der Küchenbulle mag's mir verzeihen!) *Smutt* oder *Smudd*. Das heißt auf Hochdeutsch *Schmutz, Rauch, Dreck, Staubregen, Sprühregen.*

Man kann sich gut vorstellen, daß der Smut vergangener Tage tatsächlich durch seinen Anblick solche Assoziationen hervorrufen konnte. Enge, verqualmte Kombüsen mit rußender Kohlenfeuerung haben viel dazu beigetragen, dem Koch seinen Namen zu verpassen, der deutlich auf seine äußere Erscheinung Bezug nimmt.

*Smutt* bedeutet also auch *Rauch.* Deshalb heißt der Räucheraal an der Waterkant auch

*Smuttaal.* Aber auch *Gluthitze, brütende Hitze* gehört zum Einzugsbereich dieses Wortes. Die norddeutschen Kinder freuen sich im Sommer, wenn bei entsprechender Temperatur *Smuttenfrie* angesagt ist. Direkte Verwandte sind vor allem in den Niederlanden *smoken* (qualmen, rauchen) und in England *to smoke.* Ein weiterer sprachlicher Sippengenosse hat in den Niederlanden das Anfangs-s verloren: *mot* (feiner Regen, Moder). Und dieser Ausdruck ist auch im Niederdeutschen heimisch geworden. Wir kennen dort *Modder, Mudder, Mudd,* was mit *Schlamm, Schlick, Dreck, Matsch* zu übersetzen ist. Schließlich noch der Hinweis auf das englische *smut* mit der Bedeutung *Schwärzung durch Rauch.* Im übertragenen Sinn kann das aber auch *Obszönitäten* heißen.

Der Schiffskoch hat also kaum Anlaß, sich über die sprachliche Herkunft seines Titels zu freuen. Aber er hat an Bord reichlich Gelegenheit, für sich selbst ein anderes persönliches Ansehen aufzubauen. Möge er stets dazu aufgelegt sein!

# *Spanker der Sphinx*

Viele Leute haben schon darüber nachgedacht, woher wohl der Ausdruck *Spinnaker* kommen mag. Das für die Seemannssprache sonst so ergiebige plattdeutsche Wörterbuch liefert nicht den geringsten Hinweis. Auch die Niederländer haben zwar den Ausdruck *spinnaker* im Wortschatz, aber auch in ihrer Sprache vermißt man jeden Anhaltspunkt.

Da gibt es nun Leute, die sehen im Spinnaker einfach eine Verbalhornisierung eines angeblich englischen Begriffs, der *spinnmaker* oder so ähnlich heißen müßte. *Fahrt-Macher* wäre da wohl die anvisierte Sinngebung.

Im Englischen gibt es ein altes germanisches Verb *to spin,* das wir in ganz ähnlicher Form als *spinnen* kennen. Die Engländer verstehen darunter außerdem noch *in schnelle Drehung versetzen, (Wäsche) schleudern.* Ein *spinning wheel* ist ein sich schnell drehendes Rad. Mit *Fahrt, Geschwindigkeit* hat das alles aber nur sehr am Rande zu tun. So sollte es uns nicht allzu sehr wundern, daß die Engländer die Sache ganz anders sehen. Jedenfalls tun das die bekannten Wörterbücher von Oxford und das amerikanische Collier's. Beide zweifeln nicht daran, daß *Spinnaker* ein englisches Wort ist. Bloß leiten sie seine Abstammung in ganz anderer Weise her. Danach handelt es sich um eine phantasievolle Wortbildung aus *Spinx* und *spanker. Spinks* wäre dabei das Produkt eines fehlerhaft ausgesprochenen *Sphinx,* und das wiederum war der Name einer Yacht, die im Jahre 1866 zum ersten Male Furore mit diesem Supersegel gemacht haben soll.

*Spanker* aber ist der Name eines Segels, das mit Gaffel und Baum vor dem Wind weit ausgestellt werden konnte. Den Spanker gibt es schon seit dem 15. Jahrhundert. So muß also das regattaübliche Riesenvormwindsegel eigentlich *Sphinx-Spanker* heißen.

K 711

# Schimpf und Schande

*Schamfielen* hat nicht das geringste mit *Scham* zu tun und ganz bestimmt auch nicht mit *feilen.* Beide Ausdrücke im Zusammenhang könnten ja auch bei Personen mit ausgeprägter Phantasie völlig unsinnige, wenn auch kaum noch zweideutige Assoziationen hervorrufen. Gemeint ist vielmehr *beschädigen durch Reibung.* Besonders empfindlich sind Leinen und Trossen, wenn sie an rauhem Material scheuern. Das niederdeutsche Wort heißt einfach *schampen* (streifen, jemanden leicht verletzen). Im mittelalterlichen Platt sagte man noch *schamperen* oder auch *schamferen.* Die Niederländer übernahmen *schamperen* und die Ostfriesen formten *schamfilen*

Das plattdeutsche Wörterbuch kennt, je nach der Herkunft des Sprechers, drei Versionen: *schamferen, schamfieren, schamfielen.* In der Bedeutung sind sich die drei einig: *beschimpfen, beleidigen, verunstalten, verderben.* Der Zusammenhang mit Schimpf drängt sich förmlich auf. Im Niederländischen gehört das Wort zur Alltagssprache. Wir finden unter anderem *schampen* (schrammen, streifen), *schamp* (Schramme, Streifwunde), *schamper* (bitter, höhnisch, scharf, sarkastisch), *schamperen* (höhnen, verspotten). Im Bereich der Seemannssprache gibt es noch *schampdeck*, das uns als *Schandeck* bekannt ist. In die dänische Sprache drang *skamfere* als Lehnwort aus dem Plattdeutschen ein. Gemeint ist damit *übel zurichten, verunstalten: han fik ansigtet skamferet* (er bekam ein entstelltes Gesicht).

Stammvater aller dieser Wörter war das germanische *scimpf.* Bis zum Mittelalter hat es sich kaum verändert. Riesig aber ist der Bedeutungswandel. Früher war *schimpf* gleichbedeutend mit *Scherz, Kurzweil, Spaß* und *Spiel.* Noch Lessing gebrauchte in seinen Werken die Wendung *Schimpf* und *Ernst.* Damit hat er offensichtlich *Spaß* und *Ernst* gemeint. Erst im Neudeutschen und im modernen Platt kam der Ausdruck schrecklich herunter. Das Fröhliche wandelte sich zum Schlimmen, und aus *spaßen* wurde *beleidigen*. Nebenher gab es im Hochdeutschen noch eine andere Form, die aber nur kurz gelebt hat, heute hört man sie nicht mehr. Dieses ausgestorbene Wort kommt aber dem plattdeutschen *schamfielen* auch lautlich sehr nahe: *schimpfieren* als *des Ansehens berauben, besiegen, verunglimpfen*.

# Hol dicht den Zipfel

*Schot* müßte eigentlich mit oo wie *Schoot* geschrieben werden. Das ist nämlich die Orthographie für das niederdeutsche Wort, das auf hochdeutsch *Schoß* heißt. Heute meinen wir meist die Leibesmitte eines Menschen, wenn wir dieses Wort verwenden. Das war aber nicht immer so. Mit *Schoß* beziehungsweise *Schoot* wurde zunächst eine Ecke, etwas Vorspringendes bezeichnet. Schon im Mittelhochdeutschen sagte man dazu *schoz*, was sich wiederum vom althochdeutschen *scoth* herleitet. Die alten Goten sagten *skaut* und alle meinten damit wie die alten Engländer mit *sceat* einen Kleiderschoß, nämlich eine Ecke, einen Zipfel (Rockschoß).

Später wurde das Wort auch (und vor allem) auf jenen Körperteil in Leibesmitte übertragen, der mit eben jenem Zipfel zu bedecken war, wenn der Träger des Kleidungsstückes sich in sitzende Haltung begab. Sogar das *Schießen* ist ein Abkömmling von *Schoot/Schoß*. Nicht von Anfang an hatte es die Bedeutung von *rasende Bewegung*. Zunächst war *schießen* nichts anderes als *emporragen, vorspringen*, etwas, was auch der *Schößling* tut. Auch das *Vorschießen* oder das *Zuschießen* ist ebensowenig wie der *Überschuß* eine Tätigkeit, zu der man eines Schießgewehrs bedarf. In allen Fällen wird lediglich zum Ausdruck gebracht, daß etwas da ist, das ein normales Maß überschreitet, überragt.

Und damit wären wir auch wieder bei der *Schoot* (Plural: *Schooten*). Schon die alten Isländer sprachen vom *skuter*, wenn sie einen weit vorspringenden Vorsteven eines Schiffes erwähnen wollten. Am Segel also gibt es ebenfalls *Schooten - Schoße*, nämlich Zipfel, die mehr oder weniger weit vorspringen. Wie aus dem *Schoß*, der Bekleidung, das Wort für die sie bedeckenden Körperteile wurde, so wurde aus dem niederdeutschen Wort für den Segelzipfel, der Schoot, schließlich der Name für das Tauwerk, das an dieser Ecke festgemacht ist.

# Die Steuer – das Steuer

Klar: der Steuermann ist der Rudergänger. Auf Platt heißt er *Stüürmann*. Der Plural davon ist *Stüürlüüd*. Gleich zweimal in einem Wort doppeltes ü! Im Hochdeutschen werden Umlaute niemals verdoppelt. Im Platt ist das keineswegs ungewöhnlich. Die Tätigkeit jener *Lüüd* drückt man verbal mit *stüürn* aus. Die *Steuer* und das *Steuer* sind nicht nur gleichlautende Wörter, sie sind auch sprachgeschichtlich so eng miteinander verwandt wie eineiige Zwillinge. Beide stammen ab vom althochdeutschen *stiura*. Zunächst bedeutete das nur *Stütze, stützender Pfahl*, dann aber auch *Unterstützung* und *Steuerruder*. Im altisländischen *staurr* und im neuschwedischen *stör* liegt mit *Stange, Pfahl* noch das, was den ursprünglichen Sinngehalt ausmachte.

Schon die Germanen benutzten *stiura* auch im übertragenen Sinn als *Hilfe, Unterstützung, Beistand*. Und das hat sich bis heute erhalten. Auch wir leisten (mehr oder weniger freudig) dem Staat unsere Unterstützung bei seinen kostenfressenden Aufgaben. Dabei trifft der mittelalterliche Inhalt des Verbs *steuern* als *beschenken* nicht mehr ganz den Kern der Sache. Als Erinnerung an den alten Sinn von *Steuer* (der weiblichen) im Mittelalter haben wir auch heute noch Ausdrücke wie *beisteuern* und *Aussteuer*.

Längst nicht so unerfreulich wie *die Steuer* sind die Assoziationen bei *das Steuer*. Die Zweigleisigkeit beim grammatischen Geschlecht entstand bereits im Mittelalter. Seit dieser Zeit gibt es auch die niederdeutsche Form *Sture* (Steuerruder). Im Niederländischen heißt das heute *stuur* und im Schwedischen *styre*. Ein besonders hübsches Wort hat die altenglische Sprache hervorgebracht: *steorrodor*.

Auf das Ruder als Lenkvorrichtung paßte ursprünglich das althochdeutsche *stiura* besonders gut. Es bestand tatsächlich aus einer Stütze oder einem Pfahl. Den brauchte man zunächst dazu, um das Schiff abzustoßen und durch Staken zu lenken. Später wurde dazu ein Ruder-Riemen eingesetzt, der an der Steuer-Bordseite am Heck angebracht war. Vom Ruderriemen her bezog das *Steuer* nun seinen neuen Namen *Ruder*.

# *Prügel mit dem dicken Ende*

Jeder weiß, was ein *Tampen* ist, fast jeder weiß auch, was man mit so einem Ding alles anstellen kann; aber kaum einer weiß, von woher das Wort in die plattdeutsche Sprache geraten ist. *Tampen* also steht für *Ende eines Taues.* Ein Tau hat demzufolge zwei Tampen. Sehr oft aber bezeichnet man auch ein kurzes Tau ganz einfach als *Tampen.* Im plattdeutschen Wörterbuch finden wir unter diesem Stichwort *dickes Tau, Tauende (auch zum Prügeln). Tampen* ist ein Wort, das sich nur im Niederdeutschen und im Niederländischen findet. Versuche, Sprachverwandte in anderen Regionen zu entdecken, sind gescheitert. Man wird im französischen *Tampon* kaum einen Vorgänger vermuten.

Und auch in der englischen Sprache findet man kein einziges Wort, das einen Zusammenhang erkennen ließe. Das Verb *to tamp* paßt uns wegen des völlig anderen Gehalts von *feststampfen* überhaupt nicht in den Kram. Auch *to tamper* (herumbasteln, betrügerisch ändern) hilft uns keinen Schritt weiter. Die Skandinavier haben *tamp* in ihrem Wörterbuch. Es ist aber sicher, daß sie das Wort aus dem Plattdeutschen entliehen haben. Das dänische *tamp* heißt dann auch zunächst einmal *Tauende*, dann aber auch *Prügel. Faa tamp* ist Prügel beziehen. Wenn man auf dänisch einen Menschen *tamp* nennt, dann bezeichnet man ihn als *Kraftprotz* oder schlicht als *Lümmel.* Das Verb *tampe* bedeutet wie das plattdeutsche *tampen = jemanden mit einem Tampen verhauen.* Wenn nicht alles täuscht, sind die Niederländer die Erfinder des Ausdrucks. Und in ihrer Sprache besitzt das Wort auch seinen größten Bedeutungsreichtum. Mit *tamp* bezeichnet man zunächst und vor allem *Überschuß, etwas, das überflüssig ist.* Daraus entstand die übertragene Bedeutung *Ende eines Wants, das aus den Püttings herausragt und damit eigentlich überflüssig ist.* Tamp ist auch das oberhalb eines Blocks herausragende Ende einer Trosse. Und da wir nun gerade dabei sind, von den eigentlich überflüssigen Dingen zu reden: Mit *tamp* wird im Niederländischen auch der männlichste aller Körperteile bezeichnet.

# Der Verräter auf dem Mast

*Verklicken* ist ein Wort aus dem Plattdeutschen. Es steht für hochdeutsch *verraten. Verklickern* ist so ein Ausdruck, den wir gern verwenden, um auszudrücken, daß wir jemanden über eine Sache ins Bild setzen wollen. *Klickern* ist in der Sprache der Niederdeutschen das Verb für eine Tätigkeit, die von anständigen Leuten wenig geschätzt wird. Auf gut Hochdeutsch sagt man dazu *angeben, verpetzen.* Ein *Verklicker* ist also ein *Verräter*, der im Masttop seinen Stammplatz hat und von da oben aus dem Mann am Roor verklickert, woher der Wind weht und wohin er demzufolge den Roorpinn zu legen hat. Wenn uns der Verklicker auf seine Weise die Sache verraten hat, ist hoffentlich alles *klipp und klar.* Auch das ist wieder so ein Wort aus dem Niederdeutschen *klipp* (passend). Dazu gehört auch die plattdeutsche Interjektion *Klipp*!. Der Ausrufende meint damit, daß ihm die in Rede stehende Sache oder Angelegenheit nicht weiter wichtig ist. Bei diesem Ausdruck allerdings wird es sich eher um eine lautmalerische Anstrengung handeln, eine Sache gehörig herunterzuspielen. Man kann förmlich das verächtliche Gesicht sehen, wenn man einen von *Klippkram* oder gar von der *Klippschule* reden hört.

# *Schrei zum Erschrecken*

Uralt ist er, der Witz von dem maritimen Greenhorn, das entsetzt aufschrie, als es den Ruf *Wahrschau!* an Bord vernahm und dann gleich seinerseits losbrüllte: *Ich denke, wir fahren nach Oslo!* Lesern dieses Buches muß man nicht erklären, daß *Wahrschau!* nicht das Geringste mit der polnischen Hauptstadt zu tun hat. Schließlich hat der Warnruf dafür ein h und ein Ausrufezeichen zuviel. Wenn man nun ganz wörtlich *wahr die Schau!* (sieh dich vor!) als Erklärung angibt, so liegt man schon ganz richtig, wenigstens dem Sinne dieses Wortes nach. Sprachlich aber steckt etwas mehr dahinter.

Wir stoßen da zunächst einmal auf das germanische *wara* (Aufmerksamkeit, Vorsicht). Aus anderen Zusammenhängen kennen wir davon: *warten, Wärter, wahren, bewahren, wehren* usw. Der zweite Teil unseres Stichworts floß auch aus einer althochdeutschen Quelle: Dort gibt es *sciuhan* (erschrecken, aufschrecken). Davon kommt auch *scheu, scheuchen (Vogel) Scheuche, scheußlich, Scheusal.* Wenn jemand also *Wahrschau!* brüllt, dann will er jemanden aufschrecken, um ihn zur Vorsicht zu mahnen. Dieses *Wahrschau* gibt es aber nicht nur als *Schreckensruf, Warnung* und sogar *Unfallverhütung.* Es erscheint auch als Verb *wahrschauen* zur Darstellung der Tätigkeit des Obachtgebens.

Dann ist da noch der *Wahrschauer*, der aufpaßt. Natürlich kann ein Wahrschauer auch ein Warschauer sein. Die meisten aber sind es nicht. Mehr Wahrschauer als in Polen gab es im Rheinland. Sie standen auf den Flößen im Strom, um die Schiffer zu warnen.

Die Niederländer sagen *waarschuwen* und meinen damit *anzeigen, erinnern, wissenlassen, benachrichtigen, Bescheid sagen, verwarnen.* Lehrer und Polizisten sind es vor allem, die sich mit diesen Tätigkeiten befassen. Unser maritimer Ordnungsruf klingt auf niederländisch *gewaarschuwd!* (hütet euch, seid auf der Hut!). Ein *waarschuwd vorbeeld* ist ein *abschreckendes Beispiel* und *waarschuwing* steht für *Warnung, Verwarnung* und damit für das auch in Holland nicht sonderlich geliebte *Knöllchen.*

# *Sammelplatz für Wogen*

Den tiefsten Punkt im Schiffsinneren, dort wo sich alles Schwitz- und Leckwasser sammelt, nennen wir *Bilge*. Das Wort allerdings meinte ursprünglich etwas ganz anderes, nämlich die *Welle*, die ja manchmal auch in Form überkommenden Wassers dafür sorgt, daß der Raum beim *Kiel* stets gut gefüllt ist.

*Welle* hieß schon in der altnordischen Sprache *bylgja*. Daraus wurde das alt- und mittelhochdeutsche *bulga*. Im Plattdeutschen sagt man heute noch *Bülg* oder *Bulg*. Das Verbum *bülgen* steht an der Waterkant für hochdeutsch *wellenförmig ausbreiten*. Im Dänischen heißt *Welle, Woge* - *bølge*. Auch das englische *billow* gehört zur sprachlichen Verwandtschaft.

Vorläufer des Wortes *bilge* war in der englischen Sprache *bulge*, das ebenfalls zunächst mit *Welle* ins Deutsche zu übersetzen war. Als Verb bedeutet *to bulge* etwa: so gegen (oder auf) etwas schlagen, daß der Rumpf unter der Wasserlinie beschädigt wird. Später wandelte sich das *u* zu *i*. Und auch die Bedeutung nahm eine etwas andere Richtung: zunächst war *bilge* so etwas wie *Mistzeug* oder *schmierige Grundsuppe*. Wie treffend diese Definition ist, kann jeder leicht prüfen. Er muß nur mit der bloßen Hand in der Bilge wühlen.

# Wörterregister